해법 기초계산 C1

1. 4주 완성의 계획적인 수학 학습!

2. 시간 내 푸는 연습을 통한 실전 감각 향상!

3. 다양한 구성의 문제로 사고력 향상!

계산력이 왜 중요한가?

계산력은 수학의 뿌리!
계산력 없이 수학은 생각할 수 없지.
수학은 계통성의 학문이라고 해.
역연산으로 인해 덧셈이 뺄셈의 기초가 되고,
곱셈이 확립되어야
나눗셈이 가능해지기 때문이지.
따라서 수학의 근간인 기초 계산력을
완벽하게 다져 주는 것이야말로
수학 만점으로 가는 첫걸음이지.

구 성 과 특 징

개념 만화

만화를 통한 **원리 깨치기**

만화를 통한 계산 원리와 개념을
이해할 수 있습니다.

1단계

집중 연습으로 **계산력 다지기**

집중 연습 문제로 기초 계산력을
완벽하게 다질 수 있습니다.

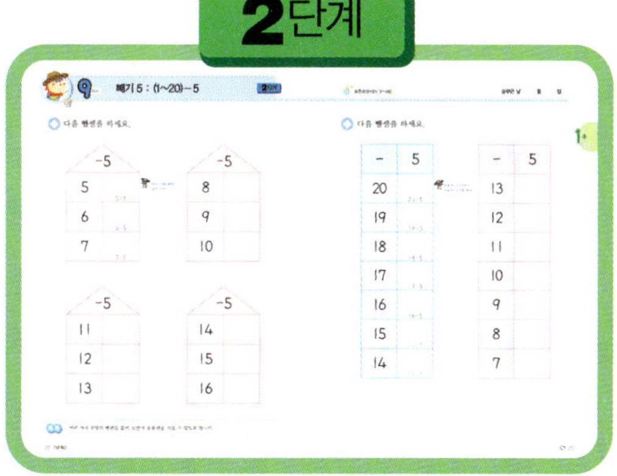

2단계

퍼즐형 문제로 **정확성 기르기**

흥미로운 퍼즐형 문제로 이루어져
집중력과 정확성까지 기를 수 있습니다.

3단계

다양한 문제로 **사고력 키우기**

다양한 문제를 통해 수학적 사고력과
문제 해결력을 높일 수 있습니다.

내용 구성표

권	주	A단계 (5~7세)	B단계 (5~7세)	C단계 (5~7세)
1권	1	일대일 대응, 많다 · 적다	더하기 3 : (1~7)+3	빼기 5 : (1~20)-5
	2	1~5 수 익히기	더하기 3 : (1~17)+3	빼기 6 : (1~20)-6
	3	1~5 수 익히기	더하기 3 : (1~27)+3	빼기 4, 5, 6의 종합
	4	0, 6~10 수 익히기	더하기 1, 2, 3의 종합	더하기 · 빼기의 종합 ①
2권	1	0, 6~10 수 익히기	빼기 1 : (1~10)-1	더하기 · 빼기의 종합 ②
	2	1~10 종합	빼기 1 : (1~20)-1	더하기 7 : (1~9)+7
	3	수 가르기와 수 모으기(1, 2, 3, 4, 5)	빼기 2 : (1~10)-2	더하기 7 : (1~19)+7
	4	수 가르기와 수 모으기(6, 7, 8, 9, 10)	빼기 2 : (1~20)-2	더하기 7 : (1~23)+7
3권	1	11~20 수 익히기	빼기 3 : (1~10)-3	더하기 8 : (1~9)+8
	2	11~20 수 익히기	빼기 3 : (1~20)-3	더하기 8 : (1~22)+8
	3	1~20 종합	빼기 1, 2, 3의 종합	더하기 9 : (1~9)+9
	4	21~30 수 익히기	더하기 · 빼기의 관계 ①	더하기 9 : (1~21)+9
4권	1	31~40 수 익히기	더하기 · 빼기의 관계 ②	더하기 10 : (1~20)+10
	2	41~50 수 익히기	더하기 4 : (1~6)+4	더하기 7, 8, 9, 10의 종합
	3	1~50 종합	더하기 4 : (1~16)+4	더하기 1~10의 종합
	4	51~70 수 익히기	더하기 4 : (1~26)+4	빼기 7 : (1~20)-7
5권	1	71~100 수 익히기	더하기 5 : (1~9)+5	빼기 8 : (1~20)-8
	2	1~100 종합	더하기 5 : (1~15)+5	빼기 9 : (1~20)-9
	3	더하기 1 : (1~9)+1	더하기 5 : (1~25)+5	빼기 10 : (1~20)-10
	4	더하기 1 : (1~19)+1	더하기 6 : (1~9)+6	빼기 7, 8, 9, 10의 종합
6권	1	더하기 1 : (1~29)+1	더하기 6 : (1~14)+6	빼기 1~10의 종합
	2	더하기 2 : (1~8)+2	더하기 6 : (1~24)+6	더하기 · 빼기의 종합 ③
	3	더하기 2 : (1~18)+2	더하기 4, 5, 6의 종합	더하기 · 빼기의 종합 ④
	4	더하기 2 : (1~28)+2	빼기 4 : (1~20)-4	재미있는 더하기 · 빼기의 규칙

권	주	D단계 (초1)	E단계 (초2)	F단계 (초3)	G단계 (초4)
1권	1	더하기 1, 2, 3	받아올림이 있는 (두 자리 수)+(한 자리 수)	(세 자리 수)+(세 자리 수) ①	100, 1000, 10000, 몇백, 몇천 곱하기
	2	합이 5까지인 덧셈	받아내림이 있는 (두 자리 수)−(한 자리 수)	(세 자리 수)+(세 자리 수) ②	(세 자리 수)×(두 자리 수)
	3	합이 9까지인 덧셈	세 수의 덧셈	(세 자리 수)−(세 자리 수) ①	(네 자리 수)×(두 자리 수)
	4	받아올림이 없는 (한 자리 수)+(한 자리 수)	세 수의 뺄셈	(세 자리 수)−(세 자리 수) ②	(세 자리 수)×(세 자리 수)
2권	1	빼기 1, 2, 3	일의 자리에서 받아올림이 있는 (두 자리 수)+(두 자리 수)	2, 3, 4, 5의 단 곱셈구구를 이용한 나눗셈	(세 자리 수)÷(한 자리 수)
	2	5까지의 뺄셈	십의 자리에서 받아올림이 있는 (두 자리 수)+(두 자리 수)	6, 7, 8, 9의 단 곱셈구구를 이용한 나눗셈	(두·세 자리 수)÷(몇십)
	3	9까지의 뺄셈	일, 십의 자리에서 받아올림이 있는 (두 자리 수)+(두 자리 수)	곱셈구구를 이용한 나눗셈 ①	(두·세 자리 수)÷(두 자리 수)
	4	(한 자리 수)−(한 자리 수)	받아올림이 있는 (두 자리 수)+(두 자리 수)	곱셈구구를 이용한 나눗셈 ②	(세·네 자리 수)÷(두 자리 수)
3권	1	10이 되는 더하기	받아내림이 있는 (두 자리 수)−(두 자리 수) ①	(두 자리 수)×(한 자리 수) ①	덧셈과 뺄셈의 혼합 계산
	2	10에서 빼기	받아내림이 있는 (두 자리 수)−(두 자리 수) ②	(두 자리 수)×(한 자리 수) ②	곱셈과 나눗셈의 혼합 계산
	3	세 수의 계산 ①	세 수의 계산 ①	(두 자리 수)×(한 자리 수) ③	혼합 계산 1
	4	세 수의 계산 ②	세 수의 계산 ②	(두 자리 수)×(한 자리 수) ④	혼합 계산 2
4권	1	받아올림이 없는 (두 자리 수)+(한 자리 수)	2, 3, 4, 5의 단 곱셈구구	(네 자리 수)+(세 자리 수)	분수의 이해 1
	2	받아올림이 없는 (두 자리 수)+(두 자리 수)	6, 7, 8, 9의 단 곱셈구구	(네 자리 수)+(네 자리 수)	분수의 이해 2
	3	받아내림이 없는 (두 자리 수)−(한 자리 수)	곱셈구구 ①	(네 자리 수)−(세 자리 수)	분수의 이해 3
	4	받아내림이 없는 (두 자리 수)−(두 자리 수)	곱셈구구 ②	(네 자리 수)−(네 자리 수)	분수의 덧셈
5권	1	두 수의 합이 10이 되는 세 수의 덧셈	받아올림이 없는 (세 자리 수)+(세 자리 수)	(세 자리 수)×(한 자리 수)	분수의 덧셈
	2	(한 자리 수)+(한 자리 수) ①	일의 자리에서 받아올림이 있는 (세 자리 수)+(세 자리 수)	(한 자리 수)×(두 자리 수)	분수의 뺄셈 1
	3	(한 자리 수)+(한 자리 수) ②	십의 자리에서 받아올림이 있는 (세 자리 수)+(세 자리 수)	(두 자리 수)×(두 자리 수) ①	분수의 뺄셈 2
	4	(한 자리 수)+(한 자리 수)의 종합	일, 십의 자리에서 받아올림이 있는 (세 자리 수)+(세 자리 수)	(두 자리 수)×(두 자리 수) ②	세 분수의 덧셈과 뺄셈
6권	1	(십 몇)−(한 자리 수) ①	받아내림이 없는 (세 자리 수)−(세 자리 수)	(두 자리 수)÷(한 자리 수) ①	소수 한 자리 수의 덧셈
	2	(십 몇)−(한 자리 수) ②	십의 자리에서 받아내림이 있는 (세 자리 수)−(세 자리 수)	(두 자리 수)÷(한 자리 수) ②	소수 두·세 자리 수의 덧셈
	3	세 수의 덧셈	백의 자리에서 받아내림이 있는 (세 자리 수)−(세 자리 수)	(두 자리 수)÷(한 자리 수) ③	소수 한 자리 수의 뺄셈
	4	세 수의 뺄셈	십, 백의 자리에서 받아내림이 있는 (세 자리 수)−(세 자리 수)	(두 자리 수)÷(한 자리 수) ④	소수 두·세 자리 수의 뺄셈

활용 가이드

Q

A

아이 수준을 몰라서
어느 단계의 교재를
선택하면 될지 모르겠어요.

한 페이지에서
틀린 문제가 6문제 이상이면
이전 단계의
교재부터 시작하세요.

계산 실수를 자주 해요.

정해진 시간 안에 푸는
연습으로 실전 감각을
키우세요.

시험 시간이 부족해요.

매일매일 공부하는
습관으로
정확성을 키우세요.

공부 계획을
스스로 세우기 힘들어요.

스케줄표를 이용해
계획을 세워
2주, 4주 완성에 도전하세요.

4주 완성 스케줄표

1주	1일	2일	3일	4일	5일	6일
확인	12~15쪽	16~19쪽	20~23쪽	24~27쪽	28~31쪽	32~35쪽

2주	7일	8일	9일	10일	11일	12일
확인	40~43쪽	44~47쪽	48~51쪽	52~55쪽	56~59쪽	60~63쪽

3주	13일	14일	15일	16일	17일	18일
확인	68~71쪽	72~75쪽	76~79쪽	80~83쪽	84~87쪽	88~91쪽

4주	19일	20일	21일	22일	23일	24일
확인	96~99쪽	100~103쪽	104~107쪽	108~111쪽	112~115쪽	116~119쪽

※ 매일 4장(4차시)씩 풀면 12일 만에 완성할 수 있습니다.

 **1**주

빼기 5 : (1~20) − 5

학습 체크표 매일 학습이 끝나면 채점을 하고 체크표를 작성하여 나의 실력을 알아보세요.

차시	단계	공부한 날	잘 했나요?			
1차시		월 일	☺	☺	☹	☹
2차시		월 일	☺	☺	☹	☹
3차시		월 일	☺	☺	☹	☹
4차시	1단계	월 일	☺	☺	☹	☹
5차시		월 일	☺	☺	☹	☹
6차시		월 일	☺	☺	☹	☹
7차시		월 일	☺	☺	☹	☹
8차시		월 일	☺	☺	☹	☹
9차시	2단계	월 일	☺	☺	☹	☹
10차시		월 일	☺	☺	☹	☹
11차시	3단계	월 일	☺	☺	☹	☹
12차시		월 일	☺	☺	☹	☹

틀린 개수가

0~1개이면 ☺ (아주 잘함)에, 2~3개이면 ☺ (잘함)에,
4~5개이면 ☹ (보통)에, 6개 이상이면 ☹ (노력 바람)에 색칠해 주세요.

만화로 개념 알아보기

학습목표 빼기 5의 개념 이해를 바탕으로 1부터 20까지 수에서 빼기 5의 계산을 능숙하게 할 수 있습니다.

만화로 개념 알아보기

에헴~!
와~ 대단해요!

두 개 더 빼 보거라.

야뵤~!

14개가 될 동안 쓰러지지도 않고 정말 대단해요!
껄 껄

이제 5개를 빼 보거라!
14개에서 5개를 빼면 14-5=9, 9개밖에 남지를 않는데요……
14-5=9
5개를 빼면……
왈르르르
아이고, 5개를 빼는 게 아니었는데……
헉?
흔들
흔들
으이그
1주

1차시 빼기 5 : (1~20)−5

1단계

🍀 수를 갈라 ☐ 안에 알맞은 수를 쓰고, 뺄셈을 하세요.

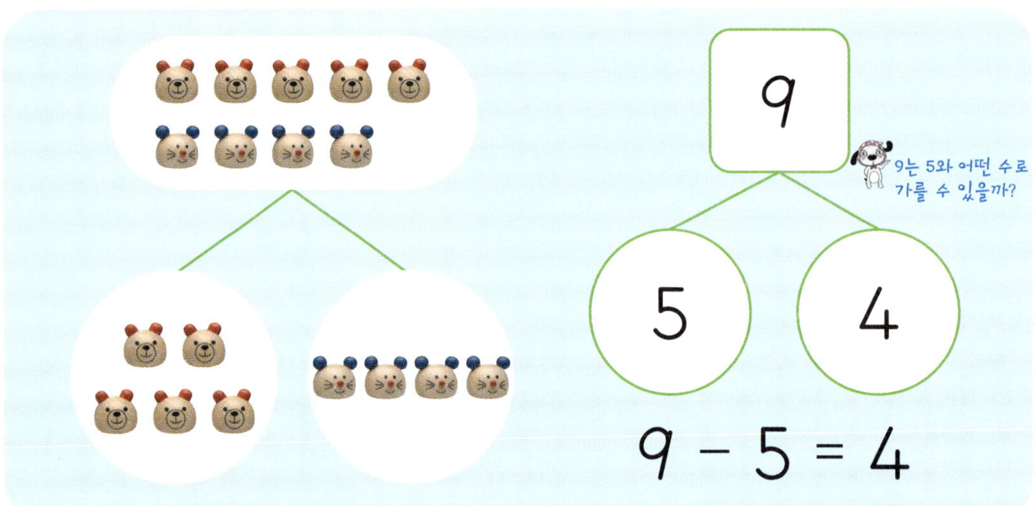

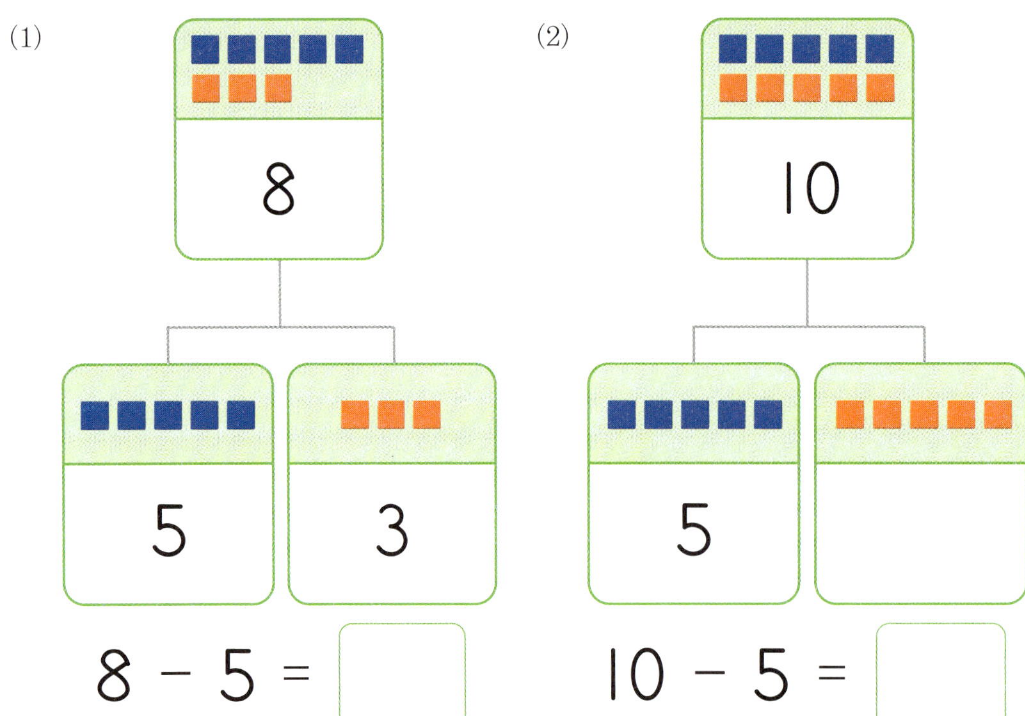

수를 5와 어떤 수로 갈라 보고, 뺄셈의 개념을 이해합니다.

○ 수를 갈라 ☐ 안에 알맞은 수를 쓰고, 뺄셈을 하세요.

1주

(3)
$$6$$
$$5 \quad \square$$
$$6 - 5 = \square$$

(4)
$$8$$
$$5 \quad \square$$
$$8 - 5 = \square$$

(5)
$$15$$
$$5 \quad \square$$
$$15 - 5 = \square$$

(6)
$$16$$
$$5 \quad \square$$
$$16 - 5 = \square$$

(7)
$$17$$
$$5 \quad \square$$
$$17 - 5 = \square$$

(8)
$$18$$
$$5 \quad \square$$
$$18 - 5 = \square$$

다음 뺄셈을 하세요.

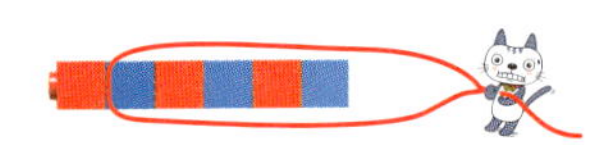

(1) 6 − 5 =
육　빼기　오　는

(2) 7 − 5 =
칠　빼기　오　는

(3) 8 − 5 =
팔　빼기　오　는

(4) 9 − 5 =
구　빼기　오　는

(5) 10 − 5 =
십　빼기　오　는

 그림을 보고, 5씩 덜어 내고 난 뒤 몇 개가 남았는지 세어 보게 합니다.

 다음 뺄셈을 하세요.

(6) 15 − 5 =

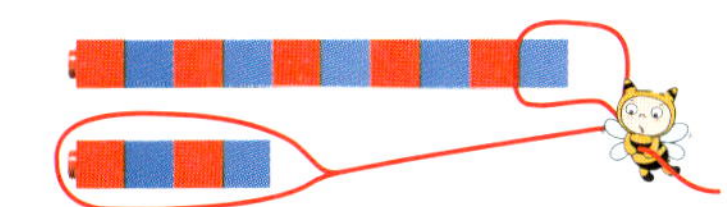

(7) 14 − 5 =

(8) 13 − 5 =

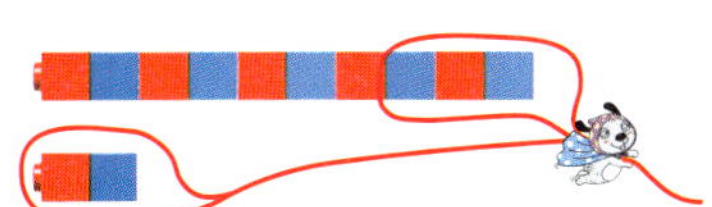

(9) 12 − 5 =

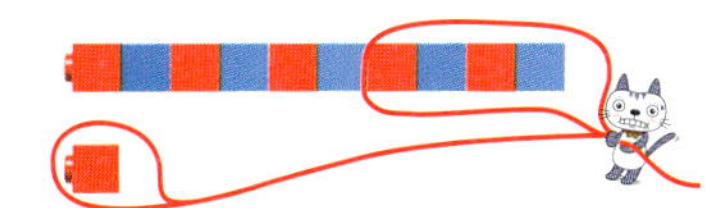

(10) 11 − 5 =

✚ 다음 뺄셈을 하세요.

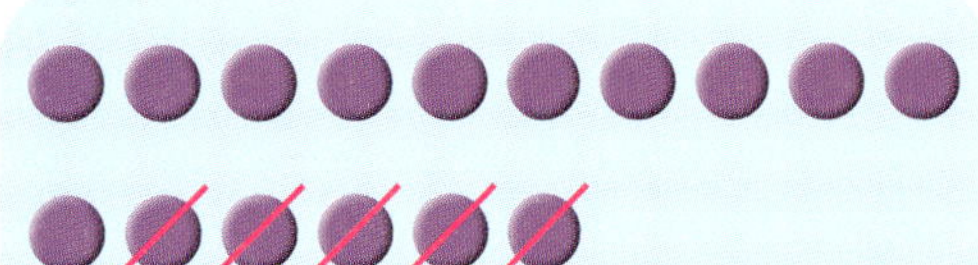

(1) $16 - 5 = \boxed{}$ (2) $10 - 5 = \boxed{}$

(3) $11 - 5 = \boxed{}$ (4) $12 - 5 = \boxed{}$

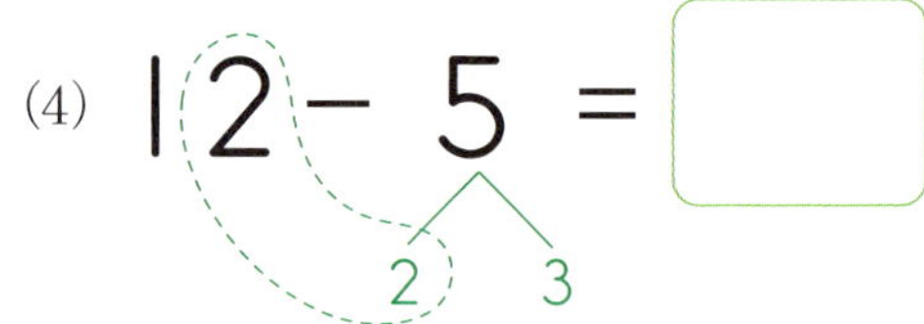

(3) 1   4   (4) 2   3

(5) $13 - 5 = \boxed{}$ (6) $20 - 5 = \boxed{}$

(5) 3   2

꼭꼭   '11−5'에서 일의 자리끼리, 즉 '1−5'를 할 수 있는지 물어 보고, 빼지 못한다면 어떻게 해야 하는지 말해 보게 합니다. 그림을 보며 빼는 수를 두 수로 갈라 계산할 수 있도록 합니다.

 다음 뺄셈을 하세요.

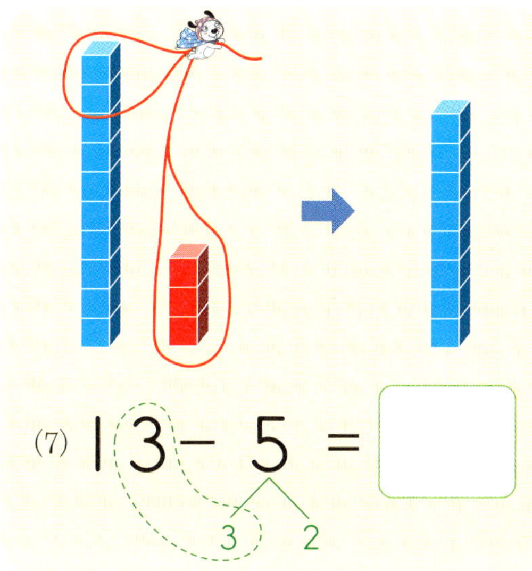

(7) $13 - 5 =$ ⬜
     3   2

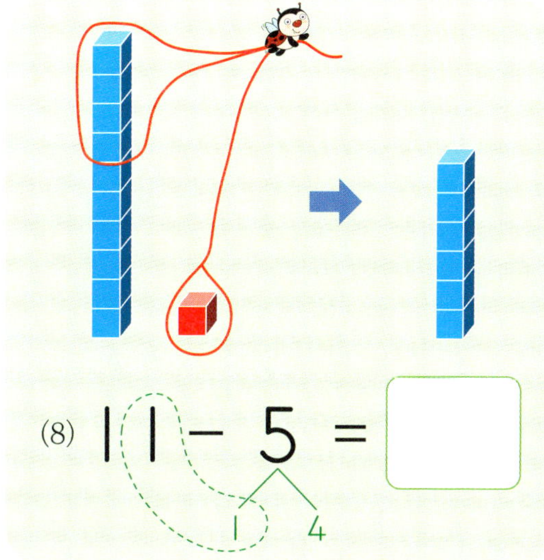

(8) $11 - 5 =$ ⬜
     1   4

(9) $12 - 5 =$ ⬜
     2   3

(10) $14 - 5 =$ ⬜
     4   1

(11) $15 - 5 =$ ⬜

(12) $16 - 5 =$ ⬜

(13) $10 - 5 =$ ⬜

(14) $20 - 5 =$ ⬜

(15) $17 - 5 =$ ⬜

(16) $19 - 5 =$ ⬜

○ 다음 뺄셈을 하세요.

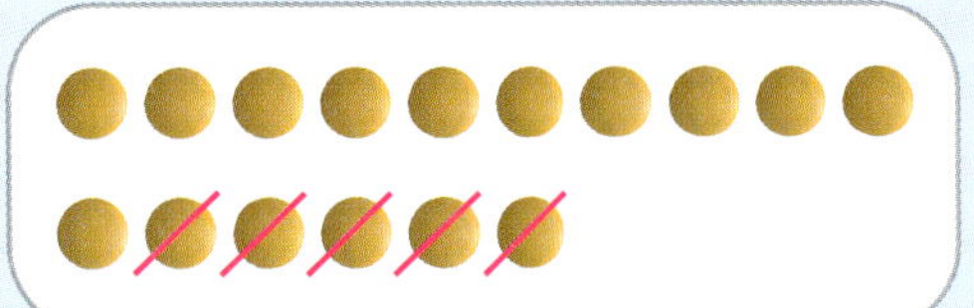

(1) 16 − 5 =

(2) 17 − 5 =

(3) 18 − 5 =

(4) 19 − 5 =

(5) 20 − 5 =

(6) 15 − 5 =

(7) 14 − 5 =
　　　　4　1

(8) 11 − 5 =
　　　　1　4

(9) 13 − 5 =
　　　　3　2

(10) 12 − 5 =
　　　　2　3

(11) 10 − 5 =

(12) 9 − 5 =

1주

다음 뺄셈을 하세요.

(13) $7 - 5 = \boxed{}$　　　(14) $6 - 5 = \boxed{}$

(15) $5 - 5 = \boxed{}$　　　(16) $15 - 5 = \boxed{}$

(17) $13 - 5 = \boxed{}$　　　(18) $16 - 5 = \boxed{}$

(19) $12 - 5 = \boxed{}$　　　(20) $17 - 5 = \boxed{}$

(21) $8 - 5 = \boxed{}$　　　(22) $18 - 5 = \boxed{}$

(23) $9 - 5 = \boxed{}$　　　(24) $19 - 5 = \boxed{}$

(25) $10 - 5 = \boxed{}$　　　(26) $20 - 5 = \boxed{}$

 빼기 5를 반복 학습하면서 정확한 계산 능력을 키워 봅니다.

 다음 뺄셈을 하세요.

(1)　5 − 5 =

15 − 5 =

(2)　6 − 5 =

16 − 5 =

(3)　7 − 5 =

17 − 5 =

(4)　8 − 5 =

18 − 5 =

(5)　9 − 5 =

19 − 5 =

(6)　10 − 5 =

20 − 5 =

(7)　14 − 5 =

(8)　12 − 5 =

(9)　13 − 5 =

(10)　11 − 5 =

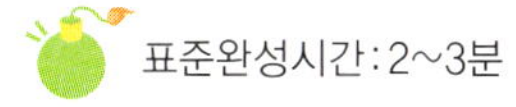

 다음 뺄셈을 하세요.

1주

(11) 13 − 5 = ☐　　　(12) 9 − 5 = ☐

(13) 7 − 5 = ☐　　　(14) 17 − 5 = ☐

(15) 12 − 5 = ☐　　　(16) 8 − 5 = ☐

(17) 5 − 5 = ☐　　　(18) 19 − 5 = ☐

(19) 14 − 5 = ☐　　　(20) 20 − 5 = ☐

(21) 15 − 5 = ☐　　　(22) 10 − 5 = ☐

(23) 16 − 5 = ☐　　　(24) 11 − 5 = ☐

6차시

다음 뺄셈을 하세요.

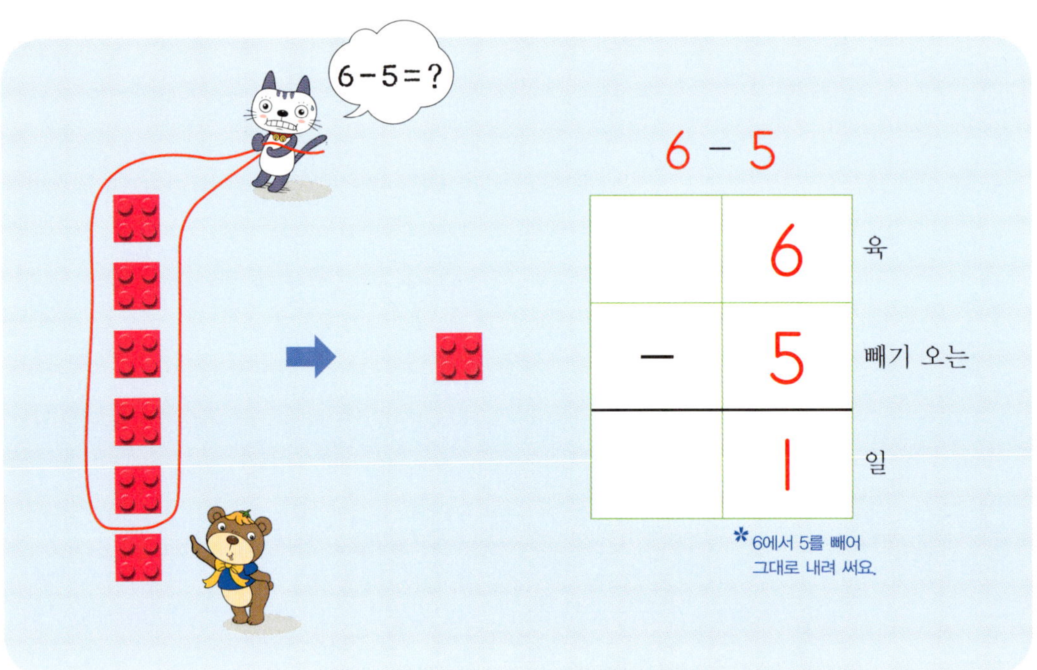

(1) 7 − 5

	7
−	5

(2) 8 − 5

	8
−	5

(3) 9 − 5

	9
−	5

꼭꼭　가로셈을 세로셈으로 바꾸어 계산해 보면서 자릿값에 대한 이해를 할 수 있도록 합니다.

다음 뺄셈을 하세요.

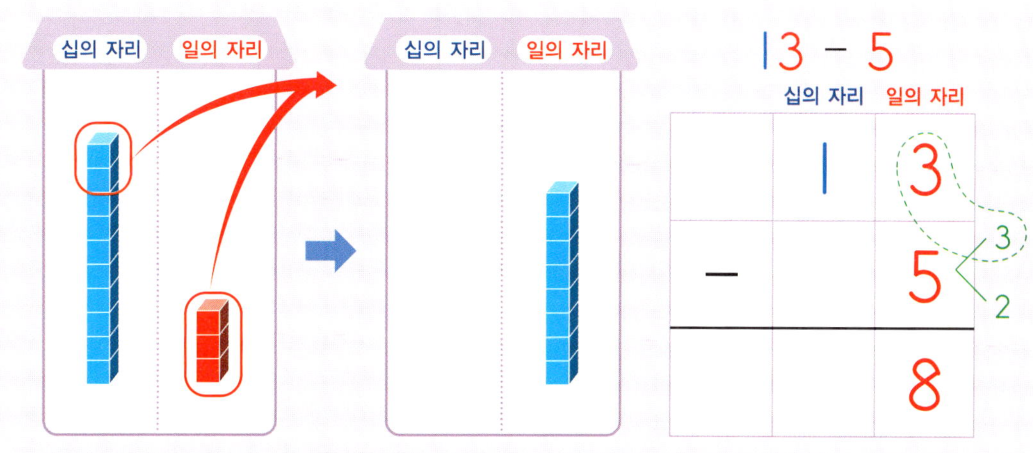

(4)　15 − 5

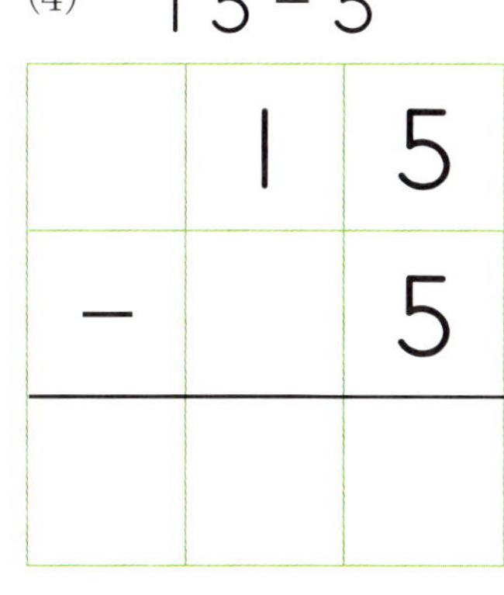

(5)　16 − 5

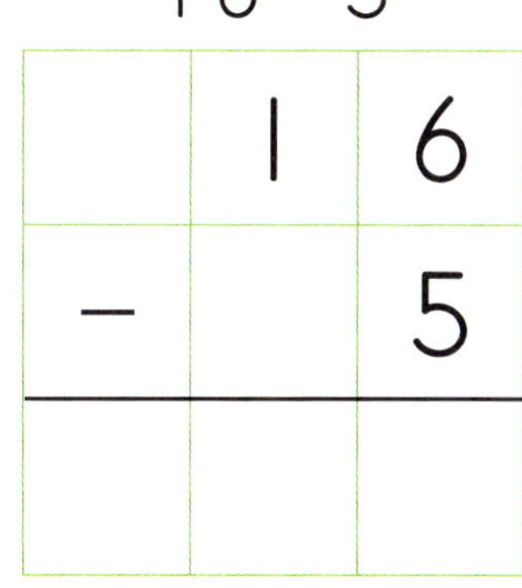

(6)　17 − 5

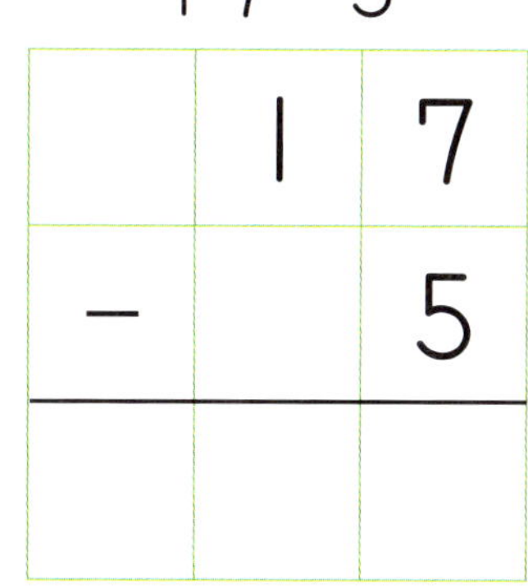

(7)　19 − 5

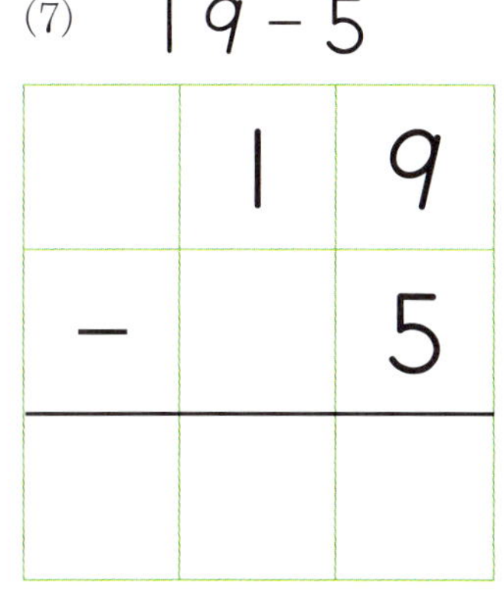

(8)　11 − 5

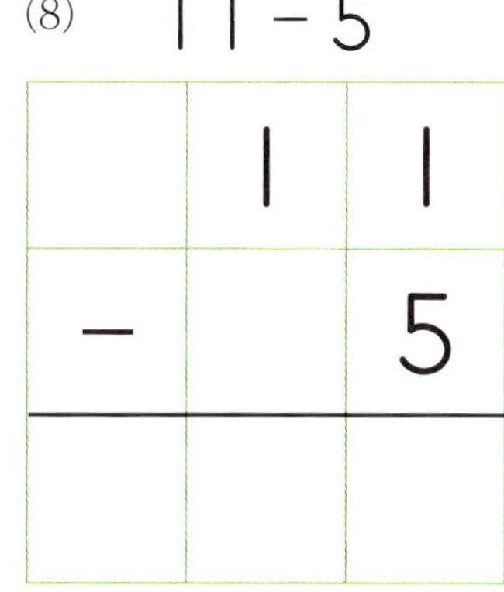

(9)　18 − 5

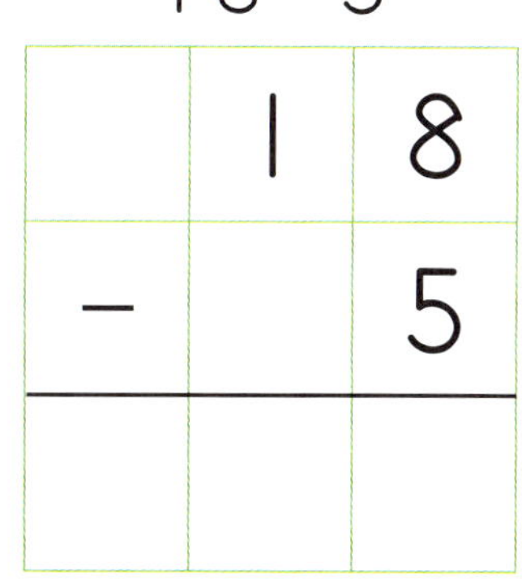

○ 다음 뺄셈을 하세요.

(1)

		7
−		5

(2)

	1	6
−		5

(3)

		9
−		5

(4)

	1	7
−		5

(5)

	1	8
−		5

(6)

	1	9
−		5

(7)

	1	1
−		5

(8)

	1	3
−		5

(9)

	1	2
−		5

다음 뺄셈을 하세요.

(10)

		5
−		5

(11)

		6
−		5

(12)

		8
−		5

(13)

	1	0
−		5

(14)

	1	1
−		5

(15)

	1	2
−		5

(16)

	1	9
−		5

(17)

	1	4
−		5

(18)

	1	5
−		5

꼭꼭 받아내림을 해야 하는 뺄셈인지 아닌지를 구분하여 사릿수에 맞추어 계산을 능숙하게 할 수 있도록 합니다.

 다음 뺄셈을 하세요.

(1)
$$\begin{array}{r} 7 \\ -\ 5 \\ \hline \end{array}$$

(2)
$$\begin{array}{r} 1\ 5 \\ -\ \ \ 5 \\ \hline \end{array}$$

(3)
$$\begin{array}{r} 9 \\ -\ 5 \\ \hline \end{array}$$

(4)
$$\begin{array}{r} 1\ 4 \\ -\ \ \ 5 \\ \hline \end{array}$$

(5)
$$\begin{array}{r} 1\ 2 \\ -\ \ \ 5 \\ \hline \end{array}$$

(6)
$$\begin{array}{r} 1\ 1 \\ -\ \ \ 5 \\ \hline \end{array}$$

(7)
$$\begin{array}{r} 8 \\ -\ 5 \\ \hline \end{array}$$

(8)
$$\begin{array}{r} 1\ 3 \\ -\ \ \ 5 \\ \hline \end{array}$$

(9)
$$\begin{array}{r} 1\ 6 \\ -\ \ \ 5 \\ \hline \end{array}$$

(10)
$$\begin{array}{r} 1\ 0 \\ -\ \ \ 5 \\ \hline \end{array}$$

(11)
$$\begin{array}{r} 1\ 7 \\ -\ \ \ 5 \\ \hline \end{array}$$

(12)
$$\begin{array}{r} 1\ 8 \\ -\ \ \ 5 \\ \hline \end{array}$$

다음 뺄셈을 하세요.

(13)
$$\begin{array}{r} 6 \\ -\ 5 \\ \hline \end{array}$$

(14)
$$\begin{array}{r} 5 \\ -\ 5 \\ \hline \end{array}$$

(15)
$$\begin{array}{r} 1\ 0 \\ -\ \ \ 5 \\ \hline \end{array}$$

(16)
$$\begin{array}{r} 1\ 5 \\ -\ \ \ 5 \\ \hline \end{array}$$

(17)
$$\begin{array}{r} 1\ 9 \\ -\ \ \ 5 \\ \hline \end{array}$$

(18)
$$\begin{array}{r} 2\ 0 \\ -\ \ \ 5 \\ \hline \end{array}$$

(19)
$$\begin{array}{r} 1\ 2 \\ -\ \ \ 5 \\ \hline \end{array}$$

(20)
$$\begin{array}{r} 1\ 1 \\ -\ \ \ 5 \\ \hline \end{array}$$

(21)
$$\begin{array}{r} 1\ 4 \\ -\ \ \ 5 \\ \hline \end{array}$$

(22)
$$\begin{array}{r} 1\ 7 \\ -\ \ \ 5 \\ \hline \end{array}$$

(23)
$$\begin{array}{r} 1\ 6 \\ -\ \ \ 5 \\ \hline \end{array}$$

(24)
$$\begin{array}{r} 1\ 3 \\ -\ \ \ 5 \\ \hline \end{array}$$

9차시 　빼기 5 : (1~20)−5　2단계

○ 다음 뺄셈을 하세요.

−5

5	5−5
6	6−5
7	7−5

−5

8	
9	
10	

−5

11	
12	
13	

−5

14	
15	
16	

꼭꼭　여러 가지 모양의 뺄셈을 풀어 보면서 응용력을 키울 수 있도록 합니다.

🟦 다음 뺄셈을 하세요.

1주

−	5
20	20−5
19	19−5
18	18−5
17	17−5
16	16−5
15	15−5
14	14−5

−	5
13	
12	
11	
10	
9	
8	
7	

 다음 뺄셈을 하세요.

−	5
8	8−5
7	7−5
6	6−5
17	17−5
15	15−5
16	16−5
19	19−5

−	5
12	
11	
20	
9	
13	
14	
18	

1주

다음 뺄셈을 하세요.

−	5	7	10	14	9
5	5-5	7-5	10-5	14-5	9-5

가로의 수 7에서
세로의 수 5를 빼요.

−	6	11	16	17	13
5					

−	20	18	15	19	10
5					

 응용된 형태의 뺄셈 문제를 풀어 보면서 집중력과 정확한 계산 능력을 키워 봅니다. 세한 시간 내에 풀지 못하더라도 처음엔 정확한 계산을 하도록 격려해 줍니다.

● 그림에 알맞은 뺄셈식을 찾아 색칠하세요.

$9 - 5 = 4$

$15 - 5 = 10$

$16 - 5 = 11$

$11 - 5 = 6$

$18 - 5 = 13$

$17 - 5 = 12$

꼭꼭　그림을 보고 이야기를 만들어 보면서 뺄셈식을 이해하도록 합니다.

● 그림에 알맞은 뺄셈식을 찾아 ◯표 하세요.

1주

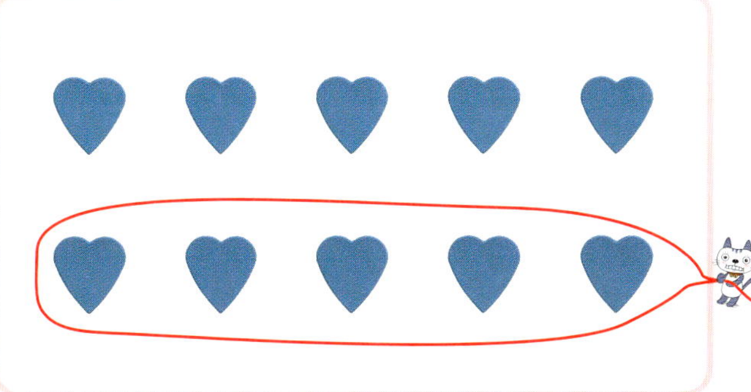

$$10 - 5 = 5$$

$$9 - 5 = 4$$

$$12 - 5 = 7$$

$$14 - 5 = 9$$

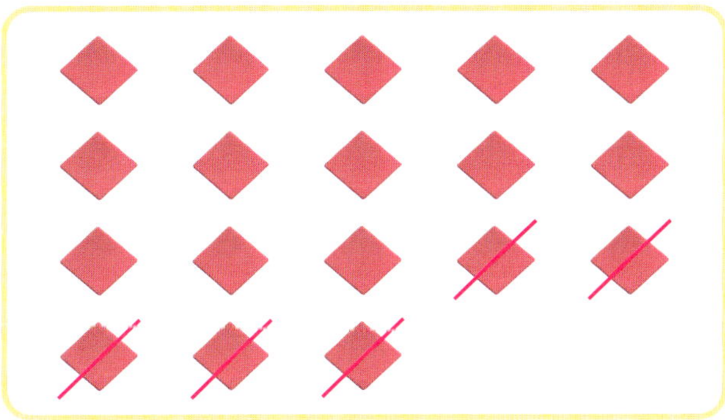

$$17 - 5 = 12$$

$$18 - 5 = 13$$

✚ ☐ 안에 알맞은 수를 써넣어 뺄셈식을 완성하세요.

$$18 - \boxed{} = 13$$

$$\boxed{} - 5 = 11$$

✿ 뺄셈을 하고, 계산 결과가 가장 큰 뺄셈에 색칠하세요.

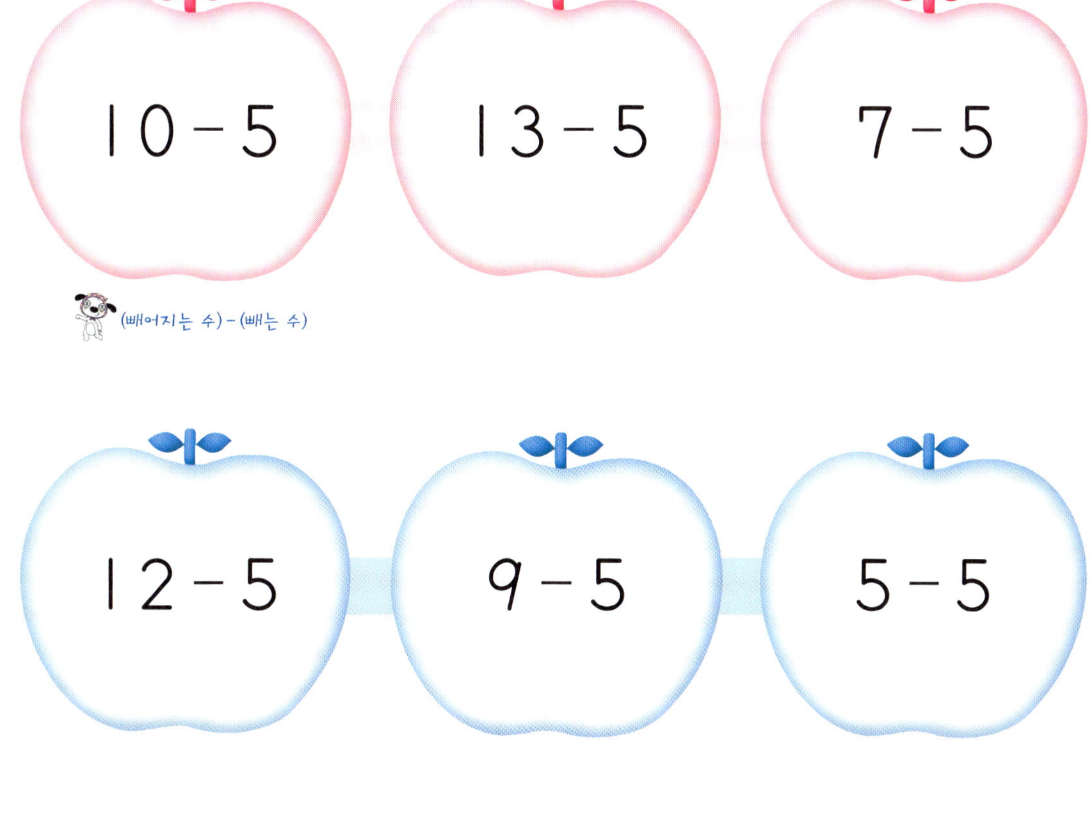

꼭꼭　뺄셈을 하고 나서 계산한 결과를 비교해 봅니다. 빼는 수가 같으므로 빼어지는 수가 클수록 계산한 결과도 크다는 것을 알 수 있도록 합니다.

 **2주** 빼기 6 : (1~20) − 6

학습 체크표 매일 학습이 끝나면 채점을 하고 체크표를 작성하여 나의 실력을 알아보세요.

차시	단계	공부한 날	잘 했나요?
13차시		월 일	☺ ☺ ☹ ☹
14차시		월 일	☺ ☺ ☹ ☹
15차시		월 일	☺ ☺ ☹ ☹
16차시		월 일	☺ ☺ ☹ ☹
17차시	1단계	월 일	☺ ☺ ☹ ☹
18차시		월 일	☺ ☺ ☹ ☹
19차시		월 일	☺ ☺ ☹ ☹
20차시		월 일	☺ ☺ ☹ ☹
21차시	2단계	월 일	☺ ☺ ☹ ☹
22차시		월 일	☺ ☺ ☹ ☹
23차시	3단계	월 일	☺ ☺ ☹ ☹
24차시		월 일	☺ ☺ ☹ ☹

틀린 개수가

0~1개이면 ☺ (아주 잘함)에, 2~3개이면 ☺ (잘함)에,

4~5개이면 ☹ (보통)에, 6개 이상이면 ☹ (노력 바람)에 색칠해 주세요.

만화로 개념 알아보기

학습목표 빼기 6의 다양한 계산 과정을 이해하여 뺄셈식에 따라 적합한 풀이 방법으로 빠르고 정확하게 계산할 수 있습니다.

만화로 개념 알아보기

내가 빨리 씻을 거야.
아냐, 내가 먼저 씻을 거야!

미정이가 먼저 왔으니까 미정이는 6개, 유정이는 나머지를 줄게.
앙~!
어? 그런데 제 것도 6개 인데요?

12- 6= 6이니까 남은 것도 6개지. 빼기 공부 다 했다며?
12 - 6 = 6
헤헤…

2주

그런데 엄마가 사탕 10개가 있는데, 먼저 심부름을 다녀오는 사람에게 6개를 줄게.

10 - 6 = 4
음..
10 - 6 = 4 이니까 한 사람이 6개를 가져가면 나머지는 4개.
앗..!!

내가 먼저 갈 거야!
아니야 내가 먼저야.
호호호....

13 차시　빼기 6 : (1~20)−6　　1단계

○ 수를 갈라 ☐ 안에 알맞은 수를 쓰고, 뺄셈을 하세요.

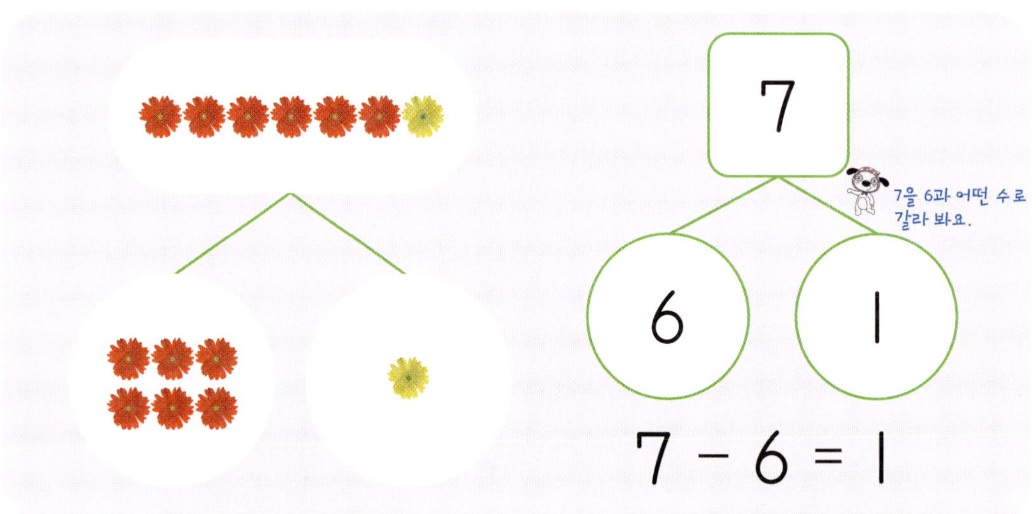

(1)　　　　　　　　　　　　　　(2)

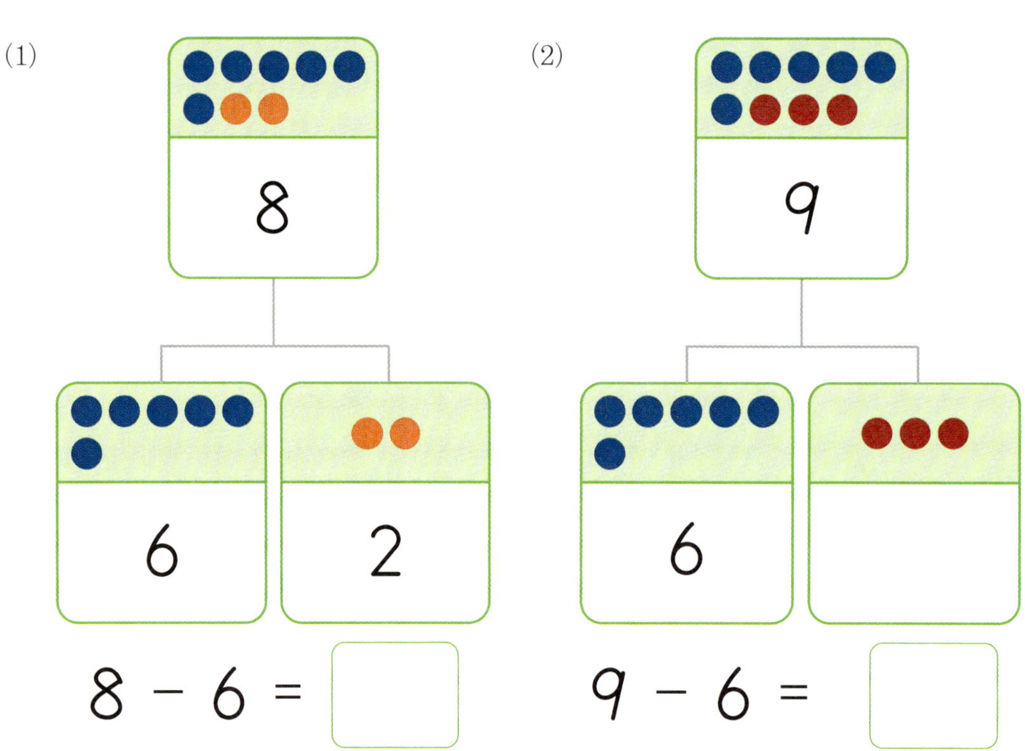

 구체물을 6과 어떤 수로 가를 수 있는지 직접 해 보게 하고, 뺄셈의 개념을 이해하도록 합니다.

✚ 수를 갈라 ☐ 안에 알맞은 수를 쓰고, 뺄셈을 하세요.

(3)

16 − 6 = 10

(4)

17 − 6 =

(5)

18 − 6 =

(6)

19 − 6 =

(7)
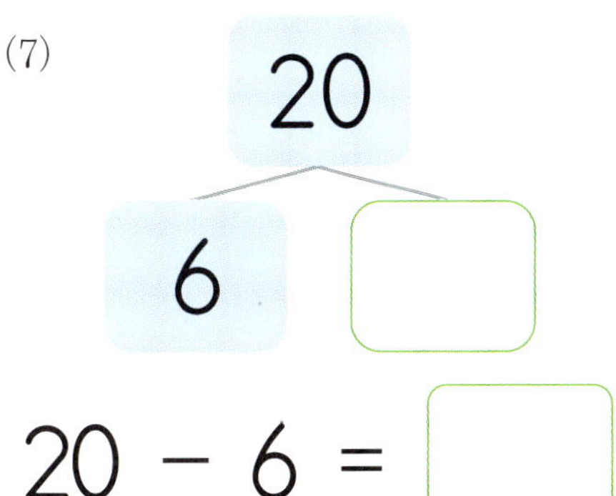

20 − 6 =

(8)
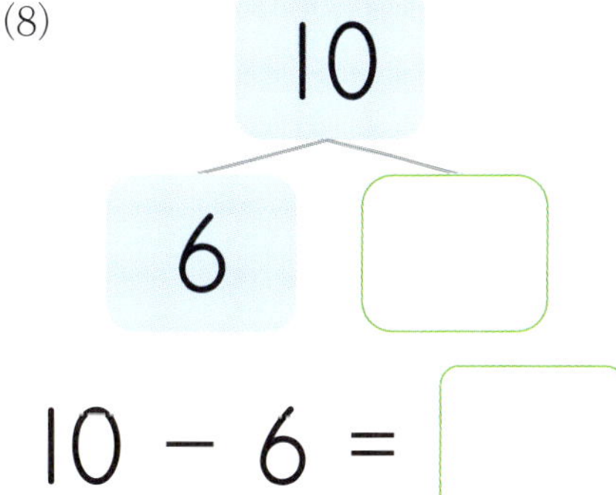

10 − 6 =

14차시   빼기 6 : (1~20)－6

○ 다음 뺄셈을 하세요.

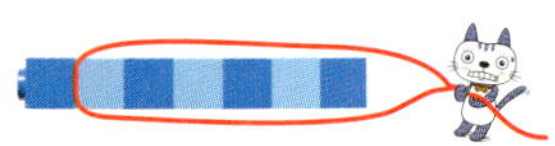

(1)   7   －   6   =   ☐

      칠   빼기   육   은

(2)   8   －   6   =   ☐

      팔   빼기   육   은

(3)   9   －   6   =   ☐

      구   빼기   육   은

(4)   10   －   6   =   ☐

      십   빼기   육   은

(5)   11   －   6   =   ☐

      십일   빼기   육   은

 **뺄셈을 하시오.**

(6) $15 - 6 =$ □
  5　1

6을 5와 1로 가른 후
15에서 5를 먼저 빼요.

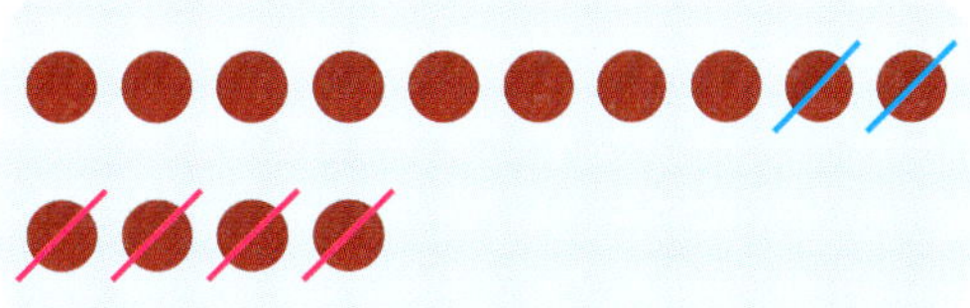

(7) $14 - 6 =$ □
  4　2

(8) $13 - 6 =$ □
  3　3

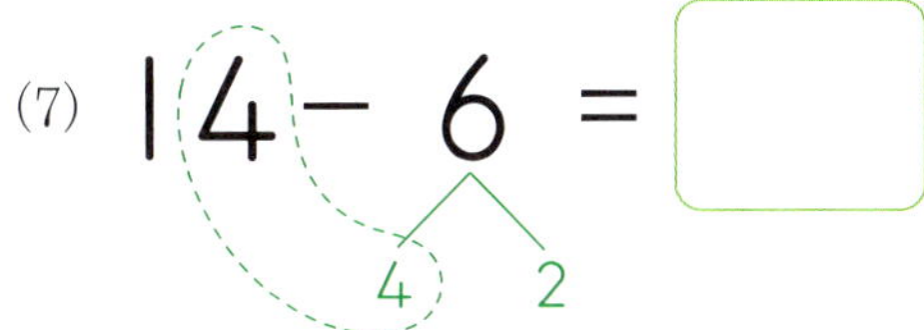

(9) $12 - 6 =$ □
  2　4

(10) $20 - 6 =$ □

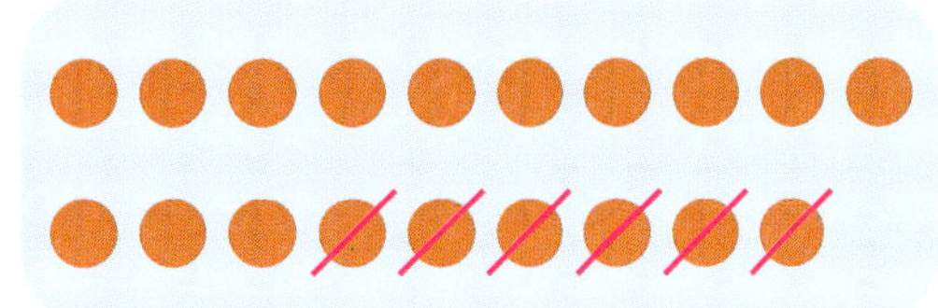

(11) $19 - 6 =$ □

 **꼭꼭** 　빼는 수를 두 수로 갈라 빼어지는 수의 일의 자리 숫자와 같은 수를 먼저 빼어 계산합니다.

다음 뺄셈을 하세요.

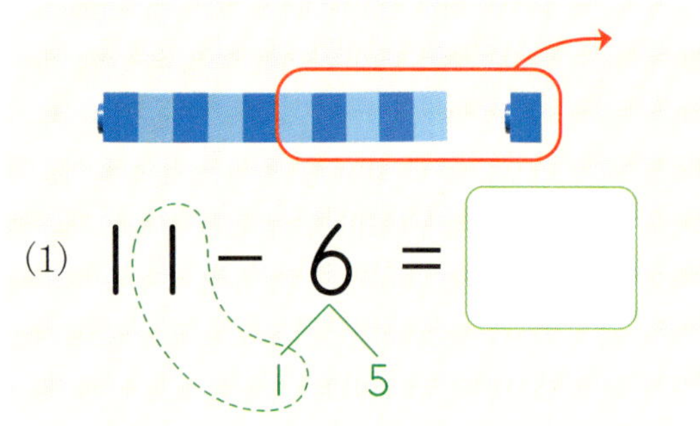

(1) $11 - 6 = \boxed{}$
  $1 \quad 5$

(2) $16 - 6 = \boxed{}$

(3) $10 - 6 = \boxed{}$

(4) $13 - 6 = \boxed{}$
  $3 \quad 3$

(5) $12 - 6 = \boxed{}$
  $2 \quad 4$

(6) $7 - 6 = \boxed{}$

(7) $14 - 6 = \boxed{}$
  $4 \quad 2$

(8) $15 - 6 = \boxed{}$
  $5 \quad 1$

(9) $17 - 6 = \boxed{}$

(10) $19 - 6 = \boxed{}$

(11) $20 - 6 = \boxed{}$

(12) $8 - 6 = \boxed{}$

(13) $9 - 6 = \boxed{}$

 다음 뺄셈을 하세요.

(14) $8 - 6 = \boxed{}$　　　(15) $9 - 6 = \boxed{}$

(16) $14 - 6 = \boxed{}$　　　(17) $11 - 6 = \boxed{}$

(18) $13 - 6 = \boxed{}$　　　(19) $19 - 6 = \boxed{}$

(20) $18 - 6 = \boxed{}$　　　(21) $15 - 6 = \boxed{}$

(22) $12 - 6 = \boxed{}$　　　(23) $17 - 6 = \boxed{}$

(24) $10 - 6 = \boxed{}$　　　(25) $20 - 6 = \boxed{}$

(26) $19 - 6 = \boxed{}$　　　(27) $7 - 6 = \boxed{}$

다음 뺄셈을 하세요.

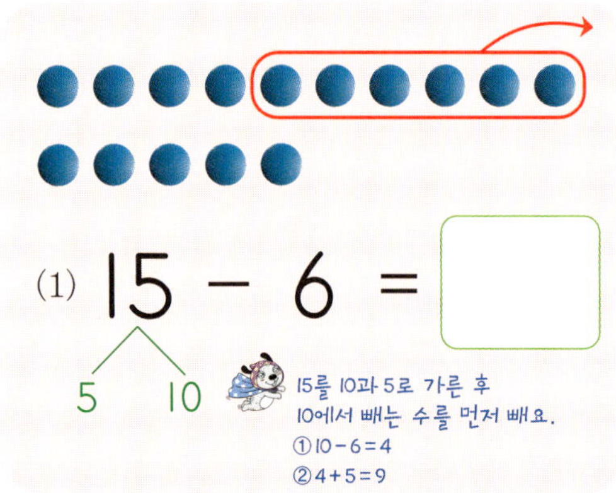

(1) 15 − 6 =
5　10

(2) 11 − 6 =
1　10

(3) 14 − 6 =
4　10

(4) 16 − 6 =

(5) 12 − 6 =
2　10

(6) 19 − 6 =

(7) 18 − 6 =

(8) 13 − 6 =
3　10

(9) 17 − 6 =

(10) 20 − 6 =

(11) 10 − 6 =

(12) 7 − 6 =

 꼭꼭　받아내림이 있는 빼기는 일의 자리 숫자끼리 뺄 수 없으므로 빼어지는 수를 두 수로 갈라 봅니다.

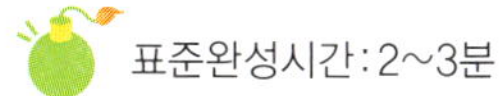

다음 뺄셈을 하세요.

C1 47

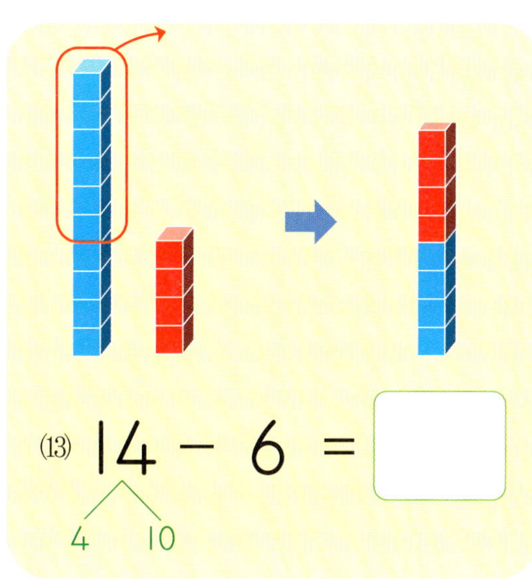

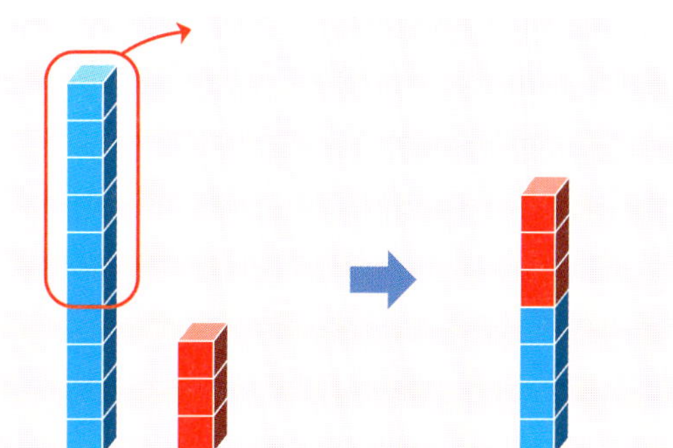

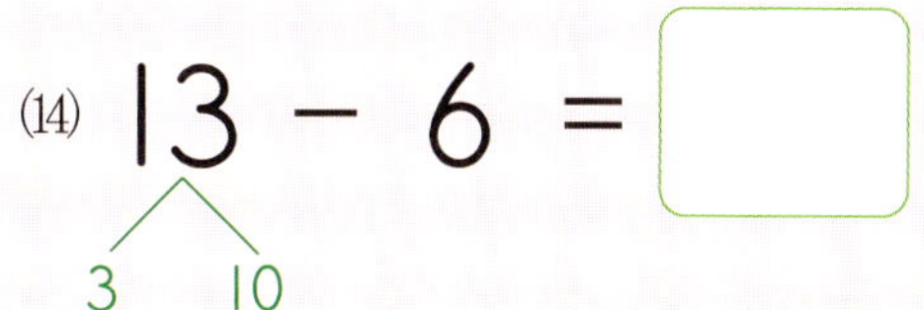

(13) $14 - 6 = \boxed{}$

(14) $13 - 6 = \boxed{}$

(15) $12 - 6 = \boxed{}$

(16) $19 - 6 = \boxed{}$

(17) $15 - 6 = \boxed{}$

(18) $11 - 6 = \boxed{}$

(19) $10 - 6 = \boxed{}$

(20) $17 - 6 = \boxed{}$

(21) $13 - 6 = \boxed{}$

(22) $20 - 6 = \boxed{}$

(23) $16 - 6 = \boxed{}$

(24) $18 - 6 = \boxed{}$

빼기 6 : (1~20)−6

● 다음 뺄셈을 하세요.

(1) $6 - 6 = \boxed{}$

$16 - 6 = \boxed{}$

(2) $8 - 6 = \boxed{}$

$18 - 6 = \boxed{}$

(3) $9 - 6 = \boxed{}$

$19 - 6 = \boxed{}$

(4) $7 - 6 = \boxed{}$

$17 - 6 = \boxed{}$

(5) $10 - 6 = \boxed{}$

$20 - 6 = \boxed{}$

(6) $12 - 6 = \boxed{}$

(7) $11 - 6 = \boxed{}$

(8) $13 - 6 = \boxed{}$

(9) $15 - 6 = \boxed{}$

(10) $20 - 6 = \boxed{}$

(11) $14 - 6 = \boxed{}$

 다음 뺄셈을 하세요.

(12) 12 − 6 = ☐　　　(13) 9 − 6 = ☐

(14) 10 − 6 = ☐　　　(15) 11 − 6 = ☐

(16) 7 − 6 = ☐　　　(17) 8 − 6 = ☐

(18) 13 − 6 = ☐　　　(19) 16 − 6 = ☐

(20) 15 − 6 = ☐　　　(21) 18 − 6 = ☐

(22) 8 − 6 = ☐　　　(23) 19 − 6 = ☐

(24) 17 − 6 = ☐　　　(25) 14 − 6 = ☐

● 다음 뺄셈을 하세요.

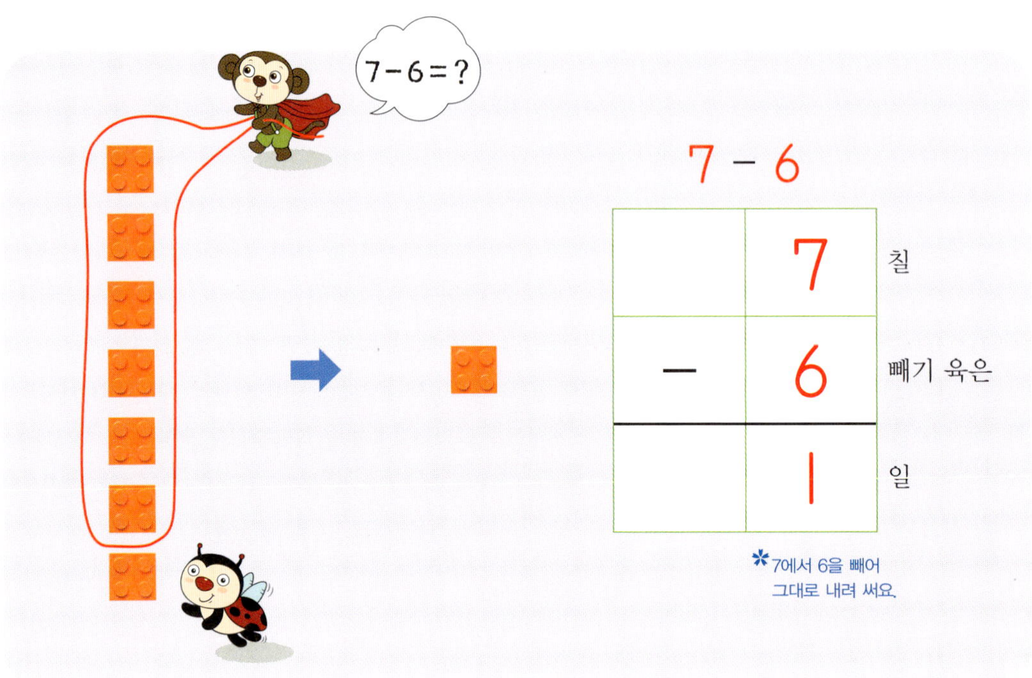

*7에서 6을 뺄 수 있으니까
십의 자리 숫자 1은 그대로
왼쪽에 쓰면 되지.

(1)　9−6

		9
−		6

(2)　17−6

	1	7
−		6

(3)　18−6

	1	8
−		6

 받아내림이 없는 뺄셈을 세로셈으로 해 봅니다. 세로셈을 할 때는 일의 자리 숫자와 십의 자리 숫자의 자릿수를 잘 맞춰서 계산합니다.

다음 뺄셈을 하세요.

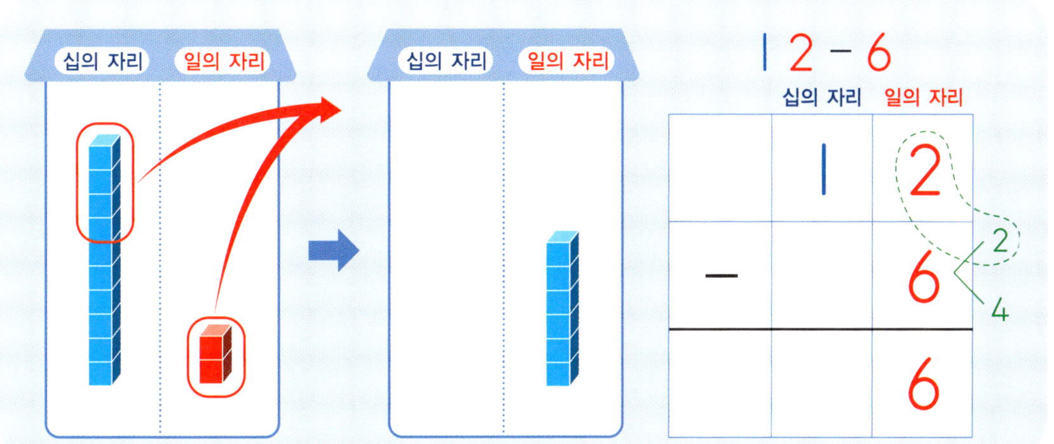

(4)　1 1 - 6

	1	1
-		6

(5)　1 5 - 6

	1	5
-		6

(6)　1 4 - 6

	1	4
-		6

(7)　1 6 - 6

	1	6
-		6

(8)　1 3 - 6

	1	3
-		6

(9)　1 0 - 6

	1	0
-		6

빼기 6 : (1~20)−6

 다음 뺄셈을 하세요.

(1)

$$\begin{array}{r} 19 \\ -\ \ 6 \\ \hline \end{array}$$

(2)

$$\begin{array}{r} 8 \\ -\ 6 \\ \hline \end{array}$$

(3)

$$\begin{array}{r} 10 \\ -\ \ 6 \\ \hline \end{array}$$

(4)

$$\begin{array}{r} 16 \\ -\ \ 6 \\ \hline \end{array}$$

(5)

$$\begin{array}{r} 14 \\ -\ \ 6 \\ \hline \end{array}$$

(6)

$$\begin{array}{r} 12 \\ -\ \ 6 \\ \hline \end{array}$$

(7)

$$\begin{array}{r} 6 \\ -\ 6 \\ \hline \end{array}$$

(8)

$$\begin{array}{r} 20 \\ -\ \ 6 \\ \hline \end{array}$$

(9)

$$\begin{array}{r} 17 \\ -\ \ 6 \\ \hline \end{array}$$

 받아내림이 있는 뺄셈은 빼어지는 수나 빼는 수를 가르기 하여 계산합니다.

다음 뺄셈을 하세요.

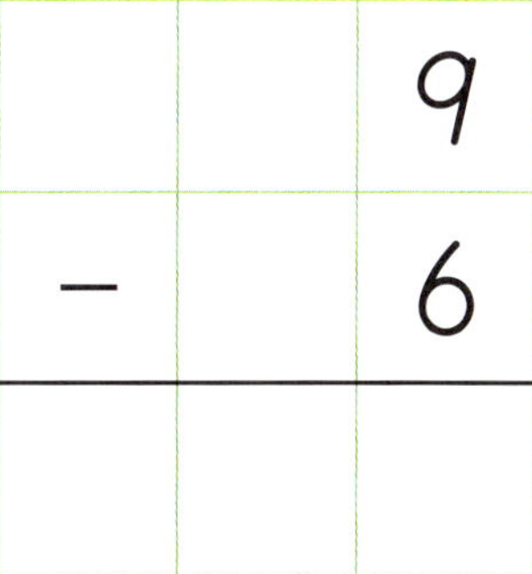

(10)

	1	5
−		6

(11)

	1	3
−		6

(12)

		7
−		6

(13)

	1	4
−		6

(14)

	1	2
−		6

(15)

	1	7
−		6

(16)

	1	1
−		6

(17)

	1	8
−		6

(18)

		9
−		6

 다음 뺄셈을 하세요.

(1)
$$\begin{array}{r} 6 \\ -\ 6 \\ \hline \end{array}$$

(2)
$$\begin{array}{r} 7 \\ -\ 6 \\ \hline \end{array}$$

(3)
$$\begin{array}{r} 9 \\ -\ 6 \\ \hline \end{array}$$

(4)
$$\begin{array}{r} 1\ 8 \\ -\ \ \ 6 \\ \hline \end{array}$$

(5)
$$\begin{array}{r} 1\ 1 \\ -\ \ \ 6 \\ \hline \end{array}$$

(6)
$$\begin{array}{r} 1\ 0 \\ -\ \ \ 6 \\ \hline \end{array}$$

(7)
$$\begin{array}{r} 1\ 3 \\ -\ \ \ 6 \\ \hline \end{array}$$

(8)
$$\begin{array}{r} 1\ 7 \\ -\ \ \ 6 \\ \hline \end{array}$$

(9)
$$\begin{array}{r} 1\ 9 \\ -\ \ \ 6 \\ \hline \end{array}$$

(10)
$$\begin{array}{r} 1\ 5 \\ -\ \ \ 6 \\ \hline \end{array}$$

(11)
$$\begin{array}{r} 1\ 2 \\ -\ \ \ 6 \\ \hline \end{array}$$

(12)
$$\begin{array}{r} 2\ 0 \\ -\ \ \ 6 \\ \hline \end{array}$$

 다음 뺄셈을 하세요.

(13)　1 6 －　　6	(14)　1 3 －　　6	(15)　　9 －　6
(16)　1 0 －　　6	(17)　1 2 －　　6	(18)　1 5 －　　6
(19)　1 8 －　　6	(20)　1 1 －　　6	(21)　2 0 －　　6
(22)　1 4 －　　6	(23)　1 9 －　　6	(24)　1 7 －　　6

○ 다음 뺄셈을 하세요.

첫 번째 집 (−6)

	−6
20	20−6
19	19−6
18	18−6

두 번째 집 (−6)

	−6
17	
16	
15	

세 번째 집 (−6)

	−6
14	
13	
12	

네 번째 집 (−6)

	−6
11	
10	
9	

 세로의 수에서 가로의 수 6을 빼어 빈칸에 쓰도록 합니다. 바로 답을 쓰기 힘들어 하면 식을 세워 빈칸에 쓰고 계산하게 합니다.

 다음 뺄셈을 하세요.

−	6
17	17-6
19	19-6
20	20-6
6	6-6
13	13-6
8	8-6
14	14-6

−	6
12	
10	
9	
7	
15	
11	
16	

➕ 다음 뺄셈을 하세요.

－	15	17	20	7	8
6					
	15－6	17－6	20－6	7－6	8－6

－	13	9	11	10	12
6					

－	16	18	10	6	14
6					

 다음 뺄셈을 하세요.

−	8	11	10	19	16	7
6	8−6	11−6	10−6	19−6	16−6	7−6

가로의 수 8에서
세로의 수 6을 빼요.

2주

−	15	14	13	7	19	20
6						

−	9	6	18	17	20	12
6						

✚ 그림에 알맞은 뺄셈식을 찾아 색칠하세요.

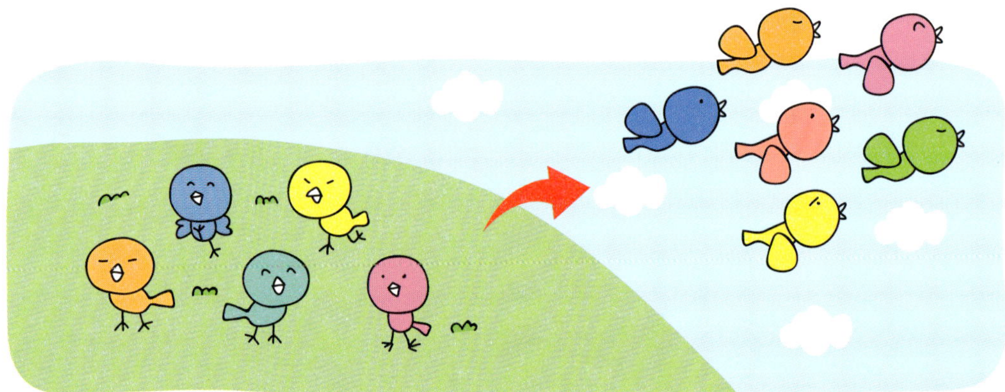

| $11 - 6 = 5$ | $7 - 6 = 1$ | $10 - 6 = 4$ |

| $12 - 6 = 6$ | $14 - 6 = 8$ | $16 - 6 = 10$ |

 '새 11마리가 있었는데 6마리가 날아갔어요.' 하면서 빼기의 상황을 문장으로 만들어 보고, 뺄셈과 그림의 관계를 이해하게 합니다.

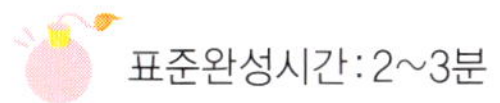

○ 그림에 알맞은 뺄셈식을 찾아 ○ 하세요.

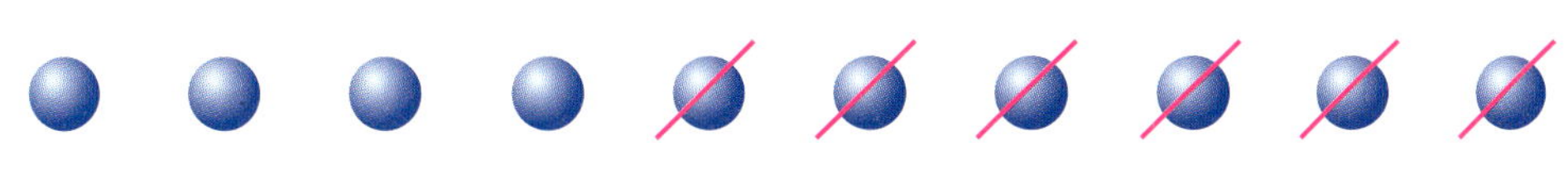

$10 - 6 = 4$　　$19 - 6 = 13$　　$11 - 6 = 5$

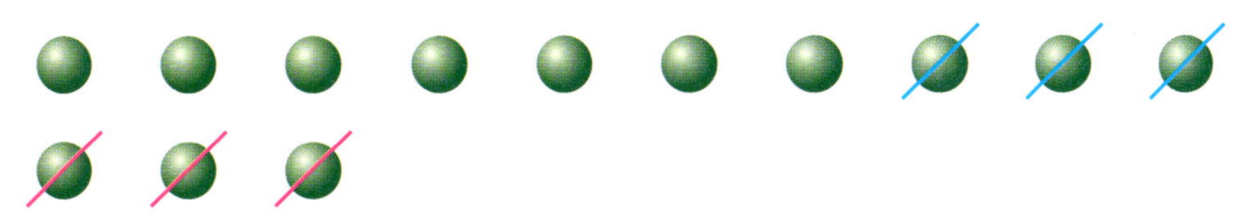

$12 - 6 = 6$　　$13 - 6 = 7$　　$14 - 6 = 8$

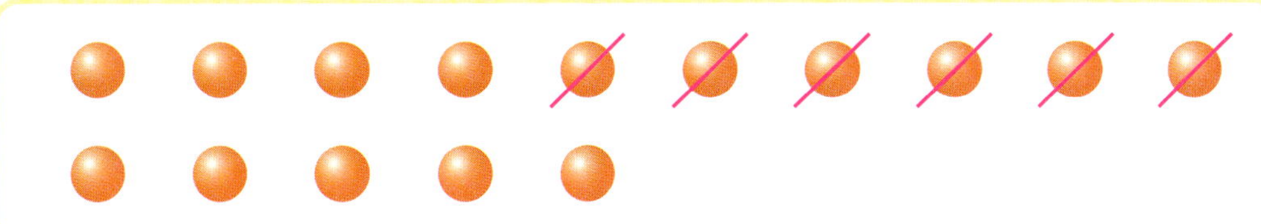

$20 - 6 = 14$　　$8 - 6 = 2$　　$15 - 6 = 9$

24 차시   빼기 6 : (1~20) − 6   3단계

○ 식이 완성되도록 /로 지우고, ☐ 안에 알맞은 수를 쓰세요.

$$13 - \boxed{} = 7$$

$$9 - \boxed{} = 3$$

$$15 - \boxed{} = 9$$

꼭꼭   뺄셈식에서 빼는 수를 구하려면 빼어지는 수에서 답의 수만큼 남기고 /로 지웁니다.

✿ 뺄셈을 하고, 계산 결과가 가장 큰 뺄셈에 색칠하세요.

 꼭꼭 빼는 수가 모두 6이므로 빼어지는 수가 클수록 더 큰 뺄셈이 됩니다. 먼저 빼어지는 수의 크기를 비교해 본 후, 계산한 결과와 다시 비교해 보게 합니다.

학습 체크표 매일 학습이 끝나면 채점을 하고 체크표를 작성하여 나의 실력을 알아보세요.

차시	단계	공부한 날	잘 했나요?
25차시		월 일	😊 🙂 😐 😣
26차시		월 일	😊 🙂 😐 😣
27차시		월 일	😊 🙂 😐 😣
28차시	1단계	월 일	😊 🙂 😐 😣
29차시		월 일	😊 🙂 😐 😣
30차시		월 일	😊 🙂 😐 😣
31차시		월 일	😊 🙂 😐 😣
32차시		월 일	😊 🙂 😐 😣
33차시	2단계	월 일	😊 🙂 😐 😣
34차시		월 일	😊 🙂 😐 😣
35차시	3단계	월 일	😊 🙂 😐 😣
36차시		월 일	😊 🙂 😐 😣

틀린 개수가

0~1개이면 😊 (아주 잘함)에, 2~3개이면 🙂 (잘함)에,

4~5개이면 😐 (보통)에, 6개 이상이면 😣 (노력 바람)에 색칠해 주세요.

학습목표 수 가르기, 작은 수, 덜어 내기 등 다양한 계산 방법을 적절히 활용하여 빼기 4, 5, 6의 계산을 능숙하게 할 수 있습니다.

3주

빼기 5가 나왔으니까
16- 5=11, 11로 이동!

난 또 빼기 6이다.
그럼 14- 6= 8이니까
8로 이동!

잉~ 또
빼기 4네......
그럼 11- 4=7이니까
7로 이동하면 되겠네.
이제 또 내 차례지?

난 또 빼기 6이다!
8- 6= 2이니까
2로 이동!
난 왜 빼기 6이
안 나오는 거야……
이번엔 나와야 할 텐데.
-6
20 19 18 17 16
8 9 10 11 12 13 14 15
7 6 5 4 3 2 1
어랏?
뭐야! 난 빼기 4하고 5밖에
없고 너는 전부 빼기 6만
들어 있잖아!
메롱!
-6
-6
-6
-4
-5
-4

3주

25 _{차시} 빼기 4, 5, 6의 종합　1단계

○ 다음 뺄셈을 하세요.

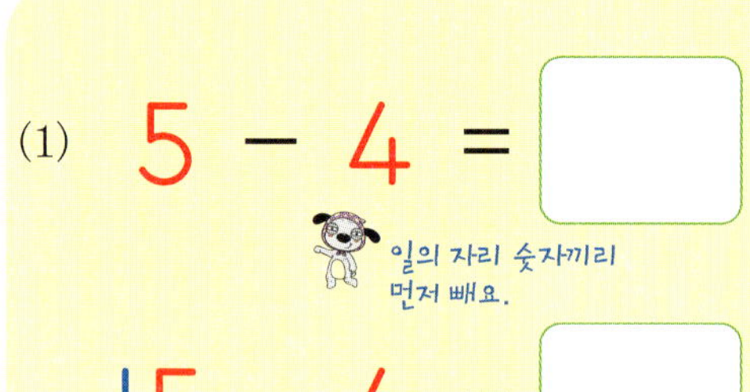

(2) 6 − 5 =

16 − 5 =

(3) 7 − 6 =

17 − 6 =

(4) 7 − 4 =

17 − 4 =

(5) 8 − 5 =

18 − 5 =

(6) 9 − 6 =

19 − 6 =

(7) 4 − 4 =

14 − 4 =

꼭꼭　한 자리 수의 빼기와 십의 자리 수의 빼기를 일정한 규칙 속에서 빼어 봅니다.

 다음 뺄셈을 하세요.

(8)　9 − 4 = ☐

　　19 − 4 = ☐

(9)　5 − 5 = ☐

　　15 − 5 = ☐

(10)　8 − 6 = ☐

　　18 − 6 = ☐

(11)　6 − 4 = ☐

　　16 − 4 = ☐

(12)　7 − 5 = ☐

　　17 − 5 = ☐

(13)　9 − 6 = ☐

　　19 − 6 = ☐

(14)　8 − 4 = ☐

　　18 − 4 = ☐

(15)　9 − 5 = ☐

　　19 − 5 = ☐

26 차시 빼기 4, 5, 6의 종합

다음 뺄셈을 하세요.

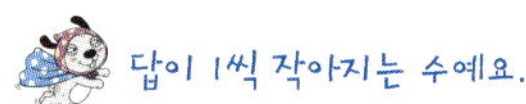

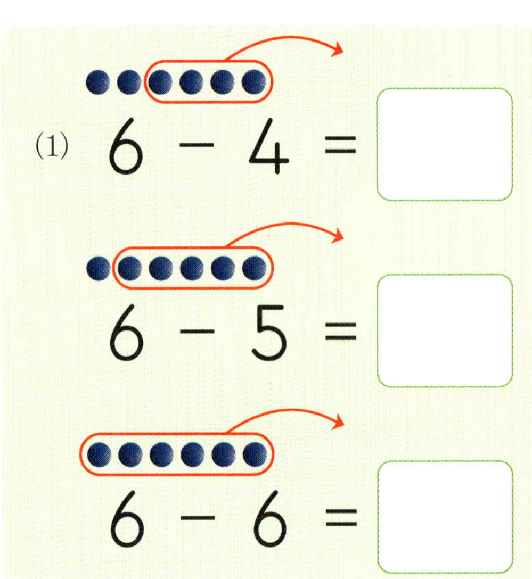

(1) 6 − 4 =

6 − 5 =

6 − 6 =

(2) 7 − 4 =

7 − 5 =

7 − 6 =

(3) 18 − 4 =

18 − 5 =

18 − 6 =

(4) 16 − 4 =

16 − 5 =

16 − 6 =

(5) 15 − 4 =

15 − 5 =

(6) 17 − 5 =

17 − 6 =

 빼기 4, 5, 6을 하며 답이 1씩 작아지는 수를 차례로 계산합니다.

 다음 뺄셈을 하세요.

(7) $12 - 4 = \boxed{}$

　　　2　2

$12 - 5 = \boxed{}$

　　　2　3

$12 - 6 = \boxed{}$

　　　2　4

(8) $13 - 4 = \boxed{}$

　　　3　1

$13 - 5 = \boxed{}$

　　　3　2

$13 - 6 = \boxed{}$

　　　3　3

(9) $15 - 4 = \boxed{}$

$15 - 5 = \boxed{}$

$15 - 6 = \boxed{}$

　　　5　1

(10) $19 - 4 = \boxed{}$

$19 - 5 = \boxed{}$

$19 - 6 = \boxed{}$

(11) $14 - 4 = \boxed{}$

$14 - 5 = \boxed{}$

　　　4　1

(12) $17 - 5 = \boxed{}$

$17 - 6 = \boxed{}$

 빼는 수를 두 수로 갈라서 빼어지는 수를 10이 되게 하는 수와 먼저 뺀 후, 나머지 수와 뺍니다.

빼기 4, 5, 6의 종합

 다음 뺄셈을 하세요.

(1) 6 − 4 = ☐

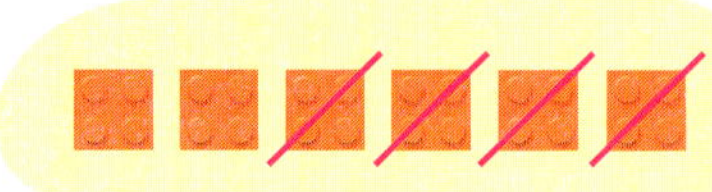

(2) 10 − 6 = ☐   (3) 6 − 5 = ☐

(4) 9 − 5 = ☐   (5) 6 − 6 = ☐

(6) 5 − 5 = ☐   (7) 8 − 4 = ☐

(8) 5 − 4 = ☐   (9) 7 − 4 = ☐

(10) 8 − 6 = ☐   (11) 8 − 5 = ☐

(12) 10 − 4 = ☐   (13) 9 − 6 = ☐

✿ 다음 뺄셈을 하세요.

(14) $11 - 4 = \boxed{}$
　　　　　1　　3

(15) $12 - 6 = \boxed{}$
　　　　　2　　4

(16) $13 - 5 = \boxed{}$
　　　　　3　　2

(17) $12 - 4 = \boxed{}$
　　　　　2　　2

(18) $17 - 6 = \boxed{}$

(19) $14 - 5 = \boxed{}$
　　　　　4　　1

(20) $13 - 4 = \boxed{}$
　　　　　3　　1

(21) $11 - 5 = \boxed{}$
　　　　　1　　4

(22) $16 - 4 = \boxed{}$

(23) $15 - 6 = \boxed{}$
　　　　　5　　1

(24) $17 - 5 = \boxed{}$

(25) $20 - 4 = \boxed{}$

(26) $18 - 6 = \boxed{}$

○ 다음 뺄셈을 하세요.

(1)　7 − 4 = ☐　　(2)　6 − 5 = ☐

(3)　6 − 6 = ☐　　(4)　9 − 4 = ☐

(5)　9 − 5 = ☐　　(6)　8 − 6 = ☐

(7)　11 − 4 = ☐　　(8)　15 − 5 = ☐

(9)　13 − 6 = ☐　　(10)　12 − 6 = ☐

(11)　17 − 4 = ☐　　(12)　14 − 5 = ☐

(13)　19 − 6 = ☐　　(14)　11 − 5 = ☐

 다음 뺄셈을 하세요.

(15) $5 - 5 =$ 　　　　(16) $8 - 4 =$

(17) $10 - 6 =$ 　　　　(18) $13 - 4 =$

(19) $17 - 5 =$ 　　　　(20) $15 - 6 =$

(21) $14 - 6 =$ 　　　　(22) $9 - 5 =$

(23) $17 - 4 =$ 　　　　(24) $14 - 4 =$

(25) $12 - 5 =$ 　　　　(26) $20 - 6 =$

(27) $18 - 4 =$ 　　　　(28) $16 - 5 =$

 빼기 4, 5, 6에 능숙해지면 엄마가 '14-6은?' 하며 불러 주고, 아이가 답해 보게 합니다.

○ 다음 뺄셈을 하세요.

(1) 6 − 5 =

(2) 5 − 4 =

(3) 9 − 6 =

(4) 11 − 6 =

(5) 12 − 5 =

(6) 13 − 4 =

(7) 19 − 4 =

(8) 16 − 5 =

(9) 8 − 6 =

(10) 7 − 5 =

(11) 16 − 4 =

(12) 6 − 6 =

(13) 14 − 5 =

(14) 17 − 5 =

✿ 뺄셈을 하고, 계산 결과가 같은 것끼리 줄로 이으세요.

(15) $19 - 6 =$ ☐ ●　　● $16 - 4 =$ ☐

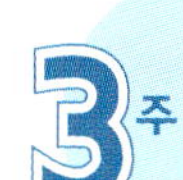

(16) $17 - 5 =$ ☐ ●　　● $18 - 5 =$ ☐

(17) $15 - 4 =$ ☐ ●　　● $19 - 4 =$ ☐

(18) $20 - 5 =$ ☐ ●　　● $15 - 5 =$ ☐

(19) $16 - 6 =$ ☐ ●　　● $16 - 5 =$ ☐

○ 다음 뺄셈을 하세요.

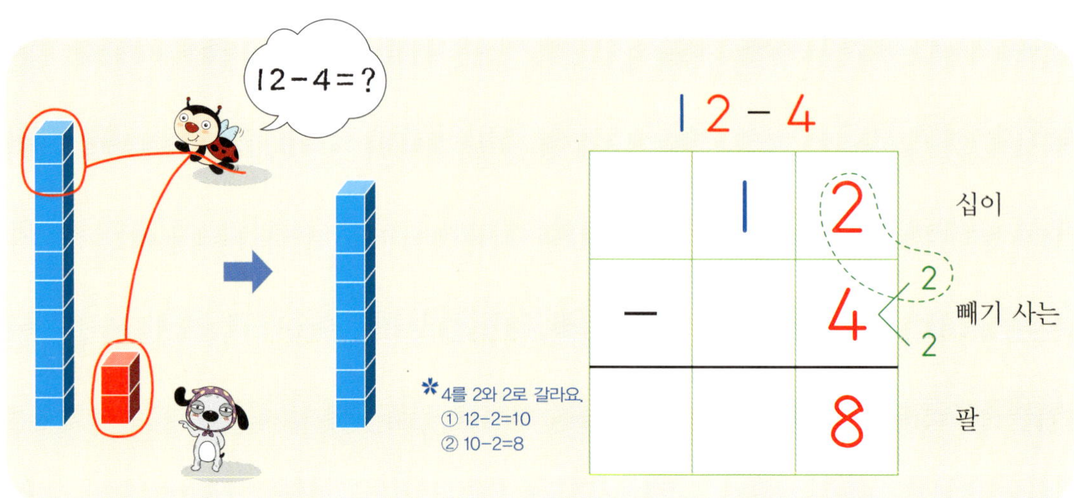

(1)

	1	3
−		5

(2)

		9
−		6

(3)

	1	5
−		4

(4)

	1	1
−		6

(5)

		8
−		4

(6)

	1	0
−		5

 다음 뺄셈을 하세요.

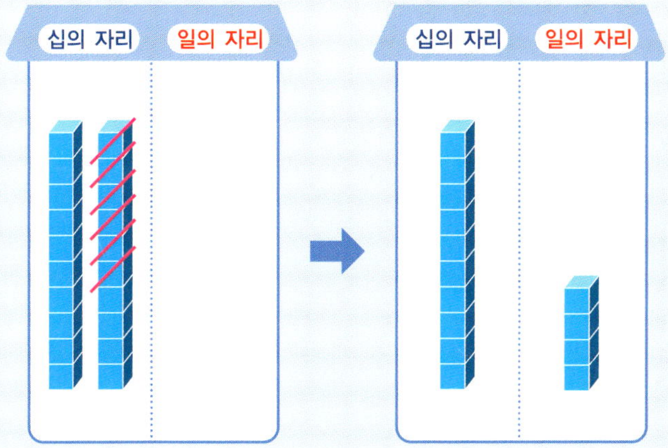

C1

$$20 - 6$$

	십의 자리	일의 자리
	2	0
−		6
	1	4

3주

(7)

	1	2
−		4

(8)

	1	6
−		6

(9)

	1	2
−		5

(10)

	1	5
−		5

(11)

	1	0
−		4

(12)

	2	0
−		6

 일의 자리 수에서 뺄 수 없을 때는 빼어지는 수나 빼는 수를 갈라 계산합니다.

○ 다음 뺄셈을 하세요.

(1)

	1	3
−		6

(2)

		9
−		5

(3)

	2	0
−		4

(4)

	1	5
−		4

(5)

	1	9
−		6

(6)

	1	9
−		5

(7)

	1	1
−		4

(8)

	1	1
−		5

(9)

	1	7
−		6

다음 뺄셈을 하세요.

(10)

$$\begin{array}{r} 4 \\ -\ 4 \\ \hline \end{array}$$

(11)

$$\begin{array}{r} 8 \\ -\ 5 \\ \hline \end{array}$$

(12)

$$\begin{array}{r} 9 \\ -\ 6 \\ \hline \end{array}$$

(13)

$$\begin{array}{r} 15 \\ -\ 6 \\ \hline \end{array}$$

(14)

$$\begin{array}{r} 18 \\ -\ 5 \\ \hline \end{array}$$

(15)

$$\begin{array}{r} 13 \\ -\ 4 \\ \hline \end{array}$$

(16)

$$\begin{array}{r} 9 \\ -\ 4 \\ \hline \end{array}$$

(17)

$$\begin{array}{r} 16 \\ -\ 6 \\ \hline \end{array}$$

(18)

$$\begin{array}{r} 7 \\ -\ 5 \\ \hline \end{array}$$

세로셈을 할 때는 일의 자리 숫자와 십의 자리 숫자의 자릿수를 잘 맞춰서 계산합니다. 자릿수를 맞추지 않아서 틀리지 않도록 유의합니다.

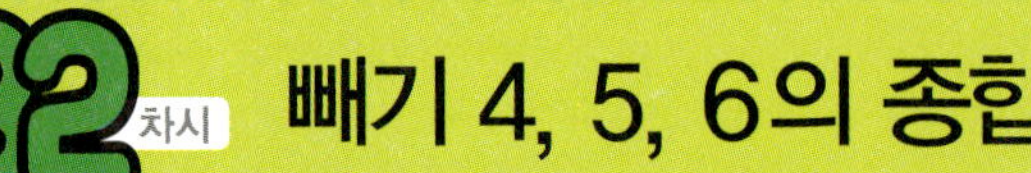 

○ 다음 뺄셈을 하세요.

(1)
```
  1 3
-   4
─────
```

(2)
```
    9
-   6
─────
```

(3)
```
  1 4
-   5
─────
```

(4)
```
  1 5
-   5
─────
```

(5)
```
  1 1
-   6
─────
```

(6)
```
  1 9
-   4
─────
```

(7)
```
  1 7
-   5
─────
```

(8)
```
  1 8
-   4
─────
```

(9)
```
  1 5
-   6
─────
```

(10)
```
  1 2
-   5
─────
```

(11)
```
  1 3
-   6
─────
```

(12)
```
  1 2
-   4
─────
```

다음 뺄셈을 하세요.

(13)
```
  9
- 4
----
```

(14)
```
2 0
- 5
----
```

(15)
```
1 8
- 6
----
```

(16)
```
1 7
- 4
----
```

(17)
```
1 1
- 6
----
```

(18)
```
1 3
- 5
----
```

(19)
```
1 2
- 6
----
```

(20)
```
1 5
- 4
----
```

(21)
```
1 9
- 5
----
```

(22)
```
1 0
- 5
----
```

(23)
```
1 1
- 4
----
```

(24)
```
1 4
- 6
----
```

33_{차시} 빼기 4, 5, 6의 종합

 다음 뺄셈을 하세요.

−4	
6	6 − 4
8	8 − 4
9	9 − 4

−5	
5	
12	
17	

−6	
8	
12	
20	

−4	
13	
16	
19	

 현재의 문제에서 빼어지는 수를 다른 수로 바꿔 왼쪽에 적어 놓고, 아이가 문제를 더 풀어 보게 하여 충분한 계산 연습을 시켜줍니다.

○ 다음 뺄셈을 하세요.

−	5
11	11-5
7	7-5
14	14-5
13	13-5
6	6-5
8	8-5
15	15-5

−	6
6	
9	
17	
15	
19	
20	
18	

3주

◆ 다음 뺄셈을 하세요.

−	12	5	10	8	11	18
4	12−4	5−4	10−4	8−4	11−4	18−4

가로의 수 12에서
세로의 수 4를 빼요.

−	6	10	12	19	8	13
5						

−	17	9	20	15	14	18
6						

꼭꼭　가로의 수가 빼어지는 수이고, 세로의 수가 빼는 수이므로 가로의 수에서 세로의 수를 빼도록 합니다.

○ 다음 뺄셈을 하세요.

−	9	6	13	20	17	4
4	9-4	6-4	13-4	20-4	17-4	4-4

−	7	11	17	20	5	9
5						

−	8	12	16	9	19	7
6						

35 차시 빼기 4, 5, 6의 종합 3단계

○ 그림에 알맞은 뺄셈식을 찾아 ○ 하세요.

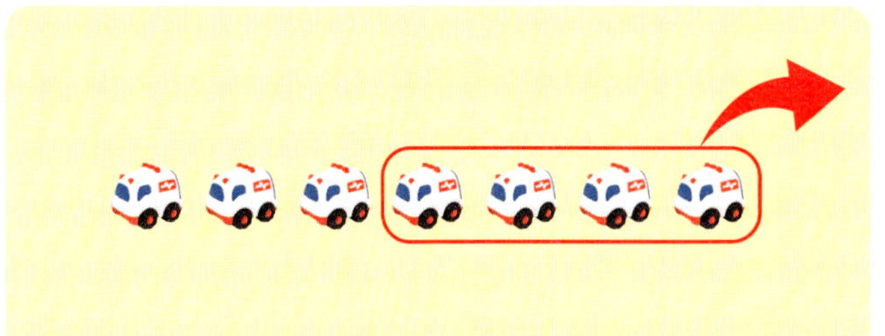

$$11 - 4 = 7$$

$$7 - 4 = 3$$

$$11 - 6 = 5$$

$$17 - 6 = 11$$

$$13 - 5 = 8$$

$$18 - 5 = 13$$

 **꼭꼭** 화살표의 방향대로 빼기의 상황을 말해 보게 합니다. 몇 개 중에서 몇 개를 뺐는지 알아보고, 뺄셈식을 찾게 합니다.

 뺄셈을 하고, 계산 결과가 가장 큰 뺄셈에 색칠하세요.

17 - 4　　17 - 5　　17 - 6

 빼어지는 수가 17이니까 빼는 수가 작을수록 더 큰 뺄셈이 되지.

 **3**주

18 - 6　　13 - 6　　10 - 6

 똑같이 빼기 6이니까 빼어지는 수가 클수록 더 큰 뺄셈이 돼.

12 - 4　　8 - 5　　16 - 6

 빼어지는 수와 빼는 수가 다르니까 계산해 봐야 해.

36 차시 　빼기 4, 5, 6의 종합　3단계

➕ 식이 완성되도록 ╱로 지우고, ☐ 안에 알맞은 수를 쓰세요.

$9 - \boxed{} = 5$

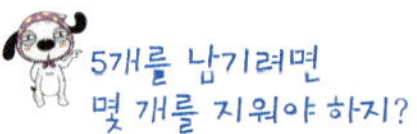

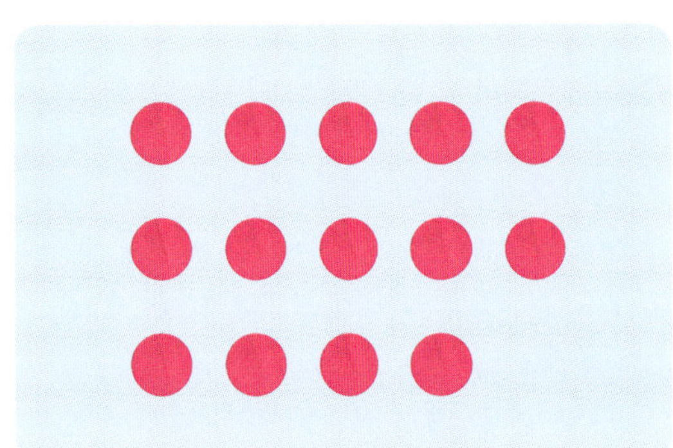

$14 - \boxed{} = 8$

$11 - \boxed{} = 6$

 빼는 수를 구하는 뺄셈식은 전체 수에서 답의 수만큼 남도록 수를 세면서 하나씩 지워 나갑니다.

❁ 빈칸에 알맞은 수를 써넣어 뺄셈식을 완성하세요.

14	−		=	8
−		−		−
	−	1	=	
=		=		=
9	−		=	4

14 − □ = 8

14 − □ = 9

 꼭꼭　뺄셈식의 답이 되려면 어떤 수를 빼야 할지 생각해 보게 합니다. 예를 들어 14에서 4를 빼면 10이 되므로 문제의 답인 8이 되려면 4보다 더 큰 수를 빼야 한다는 것을 알려 줍니다.

 **4**주

더하기 · 빼기의 종합 ①

차시	단계	공부한 날	잘 했나요?
37차시		월 일	😄 🙂 😐 😣
38차시		월 일	😄 🙂 😐 😣
39차시		월 일	😄 🙂 😐 😣
40차시		월 일	😄 🙂 😐 😣
41차시	1단계	월 일	😄 🙂 😐 😣
42차시		월 일	😄 🙂 😐 😣
43차시		월 일	😄 🙂 😐 😣
44차시		월 일	😄 🙂 😐 😣
45차시	2단계	월 일	😄 🙂 😐 😣
46차시		월 일	😄 🙂 😐 😣
47차시	3단계	월 일	😄 🙂 😐 😣
48차시		월 일	😄 🙂 😐 😣

틀린 개수가

0~1개이면 😄 (아주 잘함)에, 2~3개이면 🙂 (잘함)에,
4~5개이면 😐 (보통)에, 6개 이상이면 😣 (노력 바람)에 색칠해 주세요.

만화로 개념 알아보기

덧셈과 뺄셈의 관계 이해를 바탕으로 덧셈과 뺄셈의 계산 능력을 능숙하게 하고 풀이 과정을 설명할 수 있습니다.

10+2는?
12!
15−7은?
8

우와~ 둘 다 정말
대단하다!
그럼 6+5와 5+6 중
어느 덧셈의 답이 더 크지?
정답!

11로 답이 똑같지!
딩동댕~
계산 왕이 이겼다!

으~
내가 지다니!
덧셈에서는 더하는
두 수를 바꾸어
더해도 답이 똑같아~.
어?
그...... 그건
못 외웠어
그럼 7+8과
8+7도 같은
답이겠네.
그렇지!
분하다~.
외우려고만 하지 마.
열심히 풀다 보면
저절로 알 수 있어.
크흐~...
중얼... 중얼...
다시 외워야겠다!
5+6과 6+5는
11로 답이 똑같다.
5+6과 6+5는......
하
하
하
으~

37차시 더하기 · 빼기의 종합 ① 1단계

🍀 다음 덧셈을 하세요.

(1)
5 + 1 = ☐

5 + 2 = ☐

5 + 3 = ☐

5 + 4 = ☐

5 + 5 = ☐

5 + 6 = ☐

(2)
7 + 6 = ☐

7 + 5 = ☐

7 + 4 = ☐

7 + 3 = ☐

7 + 2 = ☐

7 + 1 = ☐

(3)
2 + 4 = ☐

2 + 5 = ☐

(4)
4 + 5 = ☐

4 + 6 = ☐

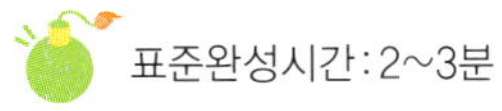

✿ 다음 덧셈을 하세요.

(5)　$14 + 1 =$ ☐

　　$14 + 2 =$ ☐

　　$14 + 3 =$ ☐

　　$14 + 4 =$ ☐

　　$14 + 5 =$ ☐

　　$14 + 6 =$ ☐

(6)　$22 + 6 =$ ☐

　　$22 + 5 =$ ☐

　　$22 + 4 =$ ☐

　　$22 + 3 =$ ☐

　　$22 + 2 =$ ☐

　　$22 + 1 =$ ☐

(7)　$17 + 4 =$ ☐

　　$17 + 5 =$ ☐

(8)　$24 + 6 =$ ☐

　　$24 + 5 =$ ☐

○ 두 수를 바꾸어 더해 보세요.

(1) $3 + 4 = \boxed{}$

$4 + 3 = \boxed{}$

(2) $4 + 2 = \boxed{}$

$2 + 4 = \boxed{}$

(3) $3 + 5 = \boxed{}$

$5 + 3 = \boxed{}$

(4) $1 + 6 = \boxed{}$

$6 + 1 = \boxed{}$

(5) $2 + 5 = \boxed{}$

$5 + 2 = \boxed{}$

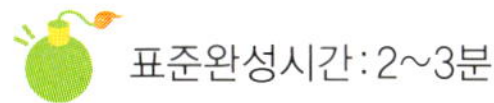

○ 두 수를 바꾸어 더해 보세요.

(6)　1 + 3 = ☐
　　　3 + 1 = ☐

(7)　4 + 5 = ☐
　　　5 + 4 = ☐

(8)　3 + 6 = ☐
　　　6 + 3 = ☐

(9)　2 + 4 = ☐
　　　4 + 2 = ☐

(10)　5 + 1 = ☐
　　　1 + 5 = ☐

(11)　6 + 1 = ☐
　　　1 + 6 = ☐

4주

◆ 다음 덧셈을 하세요.

(1) 3 + 5 =

(2) 5 + 3 =

(3) 4 + 3 =

(4) 3 + 4 =

(5) 2 + 3 =

(6) 3 + 2 =

(7) 6 + 2 =

(8) 2 + 6 =

(9) 4 + 5 =

(10) 5 + 4 =

(11) 2 + 5 =

(12) 5 + 2 =

(13) 6 + 4 =

(14) 4 + 6 =

 다음 덧셈을 하세요.

(15) 18 + 1 = ☐　　　　(16) 11 + 4 = ☐

(17) 24 + 5 = ☐　　　　(18) 8 + 6 = ☐

(19) 5 + 4 = ☐　　　　(20) 27 + 3 = ☐

(21) 13 + 5 = ☐　　　　(22) 19 + 2 = ☐

(23) 21 + 6 = ☐　　　　(24) 7 + 4 = ☐

(25) 28 + 1 = ☐　　　　(26) 16 + 5 = ☐

(27) 9 + 3 = ☐　　　　(28) 26 + 2 = ☐

 어느 한 수의 덧셈을 배우고 있다고 해도 중간중간에 이전 단계의 덧셈을 아이가 확실히 이해했는지 점검해 봅니다. 이전 단계의 덧셈을 충분히 익혀야 한 단계 한 단계 나아갈 수 있습니다.

 다음 뺄셈을 하세요.

(1) $9 - 1 =$

$9 - 2 =$

$9 - 3 =$

$9 - 4 =$

$9 - 5 =$

$9 - 6 =$

(2) $16 - 6 =$

$16 - 5 =$

$16 - 4 =$

$16 - 3 =$

$16 - 2 =$

$16 - 1 =$

(3) $13 - 5 =$

$3 \quad 2$

$13 - 4 =$

$3 \quad 1$

(4) $20 - 6 =$

$20 - 5 =$

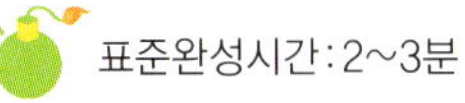

다음 뺄셈을 하세요.

(5) $17 - 6 =$ ⬚　　　　(6) $8 - 5 =$ ⬚

(7) $20 - 3 =$ ⬚　　　　(8) $12 - 4 =$ ⬚

(9) $11 - 5 =$ ⬚　　　　(10) $15 - 2 =$ ⬚

(11) $5 - 1 =$ ⬚　　　　(12) $13 - 6 =$ ⬚

(13) $16 - 4 =$ ⬚　　　　(14) $7 - 3 =$ ⬚

(15) $6 - 2 =$ ⬚　　　　(16) $19 - 5 =$ ⬚

(17) $14 - 6 =$ ⬚　　　　(18) $9 - 4 =$ ⬚

덧셈식을 보고 뺄셈식을 완성하세요.

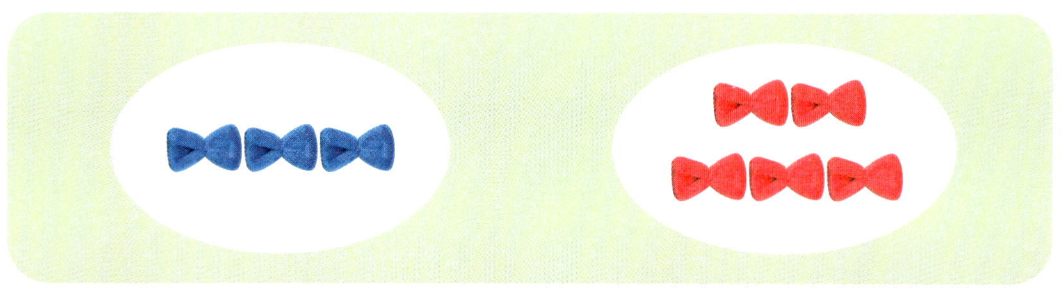

(1) $3 + 5 = 8$

$8 - 5 = \bigcirc$

$8 - 3 = \square$

(2) $4 + 6 = 10$

$10 - 6 = \bigcirc$

$10 - 4 = \square$

(3) $2 + 4 = 6$

$6 - 4 = \bigcirc$

$6 - 2 = \square$

덧셈식을 보고 뺄셈식 만들기는 간단해 보이지만 아이들이 이해하는데 어려움을 느낍니다. 구체물이나 그림을 그려 가며 풀어 보게 하여 방정식의 기초 개념을 튼튼히 다져 줍니다.

● 뺄셈식을 보고 덧셈식을 완성하세요.

(4) $6 - 3 = 3$

$3 + 3 = \bigcirc$

$3 + 3 = \bigcirc$

(5) $5 - 1 = 4$

$4 + 1 = \bigcirc$

$1 + 4 = \bigcirc$

(6) $4 - 2 = 2$

$2 + 2 = \bigcirc$

$2 + 2 = \bigcirc$

42차시 더하기 · 빼기의 종합 ①

 다음 계산을 하세요.

(1) $12 - 5 = \boxed{}$ (2) $7 + 5 = \boxed{}$

(3) $2 + 6 = \boxed{}$ (4) $8 - 6 = \boxed{}$

(5) $17 - 4 = \boxed{}$ (6) $13 + 4 = \boxed{}$

(7) $15 + 1 = \boxed{}$ (8) $16 - 1 = \boxed{}$

(9) $13 - 3 = \boxed{}$ (10) $10 + 3 = \boxed{}$

(11) $11 + 4 = \boxed{}$ (12) $15 - 4 = \boxed{}$

(13) $6 - 2 = \boxed{}$ (14) $4 + 2 = \boxed{}$

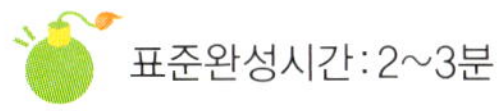

다음 계산을 하세요.

(15) $15 + 4 =$ ☐　　　　(16) $4 - 3 =$ ☐

(17) $8 - 6 =$ ☐　　　　(18) $18 - 5 =$ ☐

(19) $21 + 6 =$ ☐　　　　(20) $6 + 4 =$ ☐

(21) $13 - 1 =$ ☐　　　　(22) $11 - 6 =$ ☐

(23) $17 - 4 =$ ☐　　　　(24) $17 + 5 =$ ☐

(25) $9 + 3 =$ ☐　　　　(26) $14 - 4 =$ ☐

(27) $20 - 2 =$ ☐　　　　(28) $26 + 1 =$ ☐

다음 계산을 하세요.

(1) $10 - 4 = $

(2) $11 + 5 = $

(3) $7 + 5 = $

(4) $9 - 2 = $

(5) $18 - 3 = $

(6) $25 + 1 = $

(7) $13 + 2 = $

(8) $12 - 6 = $

(9) $19 - 6 = $

(10) $16 + 3 = $

(11) $22 + 4 = $

(12) $5 - 5 = $

(13) $11 - 5 = $

(14) $8 + 6 = $

꼭꼭 받아올림과 받아내림을 어려워한다면 엄마가 더해지는 수와 빼어지는 수를 가르기 하면서 문제를 풀게 해 주세요. 그 방식에 익숙해지면 자연스럽게 암산을 할 수 있게 됩니다.

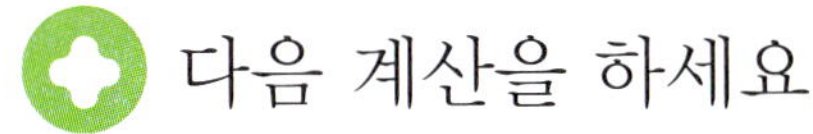

❁ 다음 계산을 하세요.

(15) $9 + 6 = \boxed{}$　　(16) $16 - 4 = \boxed{}$

(17) $6 - 4 = \boxed{}$　　(18) $14 + 5 = \boxed{}$

(19) $12 + 3 = \boxed{}$　　(20) $7 - 3 = \boxed{}$

(21) $13 - 5 = \boxed{}$　　(22) $23 + 2 = \boxed{}$

(23) $17 + 6 = \boxed{}$　　(24) $14 - 1 = \boxed{}$

(25) $15 - 2 = \boxed{}$　　(26) $10 + 6 = \boxed{}$

(27) $26 + 4 = \boxed{}$　　(28) $4 - 4 = \boxed{}$

 다음 계산을 하세요.

(1)
$$\begin{array}{r} 5 \\ -\ 4 \\ \hline \end{array}$$

(2)
$$\begin{array}{r} 4 \\ +\ 5 \\ \hline \end{array}$$

(3)
$$\begin{array}{r} 9 \\ -\ 6 \\ \hline \end{array}$$

(4)
$$\begin{array}{r} 2\ 2 \\ +\quad 6 \\ \hline \end{array}$$

(5)
$$\begin{array}{r} 1\ 2 \\ -\quad 4 \\ \hline \end{array}$$

(6)
$$\begin{array}{r} 1\ 5 \\ +\quad 6 \\ \hline \end{array}$$

(7)
$$\begin{array}{r} 1\ 8 \\ -\quad 5 \\ \hline \end{array}$$

(8)
$$\begin{array}{r} 1\ 4 \\ +\quad 4 \\ \hline \end{array}$$

(9)
$$\begin{array}{r} 1\ 1 \\ -\quad 3 \\ \hline \end{array}$$

(10)
$$\begin{array}{r} 2\ 6 \\ +\quad 3 \\ \hline \end{array}$$

(11)
$$\begin{array}{r} 1\ 9 \\ -\quad 6 \\ \hline \end{array}$$

(12)
$$\begin{array}{r} 1\ 8 \\ +\quad 4 \\ \hline \end{array}$$

○ 다음 계산을 하세요.

(13)	(14)	(15)
3 + 6	6 − 5	2 + 4

(16)	(17)	(18)
1 4 + 　4	2 4 + 　5	1 5 − 　6

(19)	(20)	(21)
1 3 + 　6	1 6 − 　3	1 7 + 　4

(22)	(23)	(24)
1 6 − 　5	2 1 + 　3	2 0 − 　6

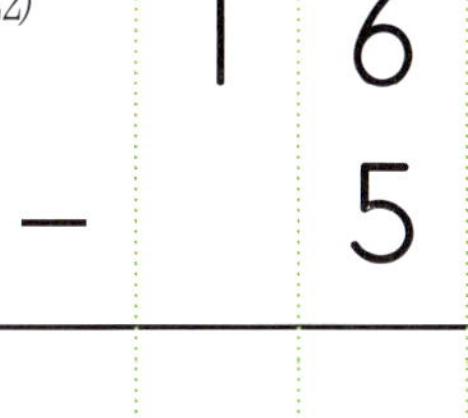

○ 다음 계산을 하세요.

+	4
13	13 + 4
9	9 + 4
18	18 + 4
26	26 + 4
15	15 + 4
17	17 + 4
24	24 + 4

−	5
5	
12	
8	
14	
20	
16	
19	

 집중력을 키워 주는 문제입니다. 처음에는 제한 시간을 두지 않고, 천천히 정확하게 풀게 합니다. 계산 능력은 단순히 빠르게 푸는 것이 아니라 정확한 계산을 빠르게 하는 것입니다.

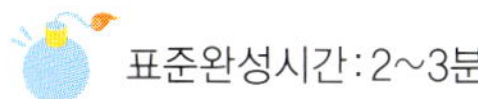

다음 계산을 하세요.

+	14	17	24	11	6	12
5						
	14+5	17+5	24+5	11+5	6+5	12+5

−	19	16	7	12	17	10
4						

−	15	6	18	20	13	14
5						

46차시 더하기 · 빼기의 종합 ①

✿ 다음 계산을 하세요.

−	11	16	8	17	20	9
6	11-6	16-6	8-6	17-6	20-6	9-6

+	14	26	13	5	18	11
4						

+	23	4	19	10	15	12
6						

 계산 능력은 철저한 반복 학습을 하면 향상됩니다. 제한 시간을 점점 줄여가면서 지도합니다.

➕ 다음 계산을 하세요.

−	4	5
13	13-4	13-5
17	17-4	17-5
15	15-4	15-5

+	5	6
12		
4		
24		

+	3	4
14		
23		
11		

−	6	3
9		
19		
20		

덧셈식을 보고 뺄셈식을 완성하세요.

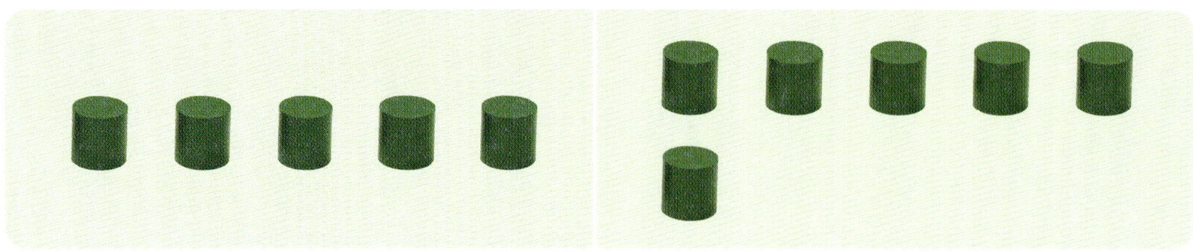

$$5 + 6 = 11 \quad \Rightarrow \quad \boxed{} - 6 = \boxed{}$$

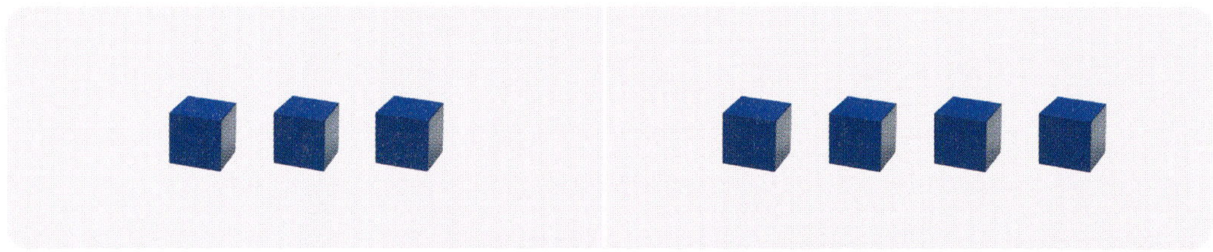

$$3 + 4 = 7 \quad \Rightarrow \quad \boxed{} - 4 = \boxed{}$$

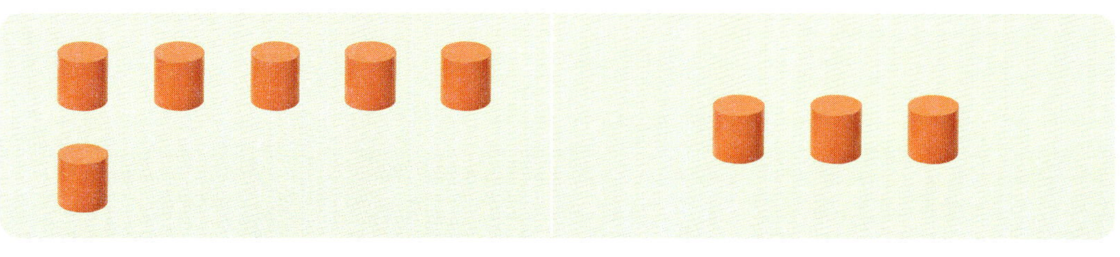

$$6 + 3 = 9 \quad \Rightarrow \quad \boxed{} - 3 = \boxed{}$$

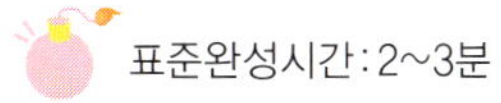

➕ 뺄셈식을 보고 덧셈식을 완성하세요.

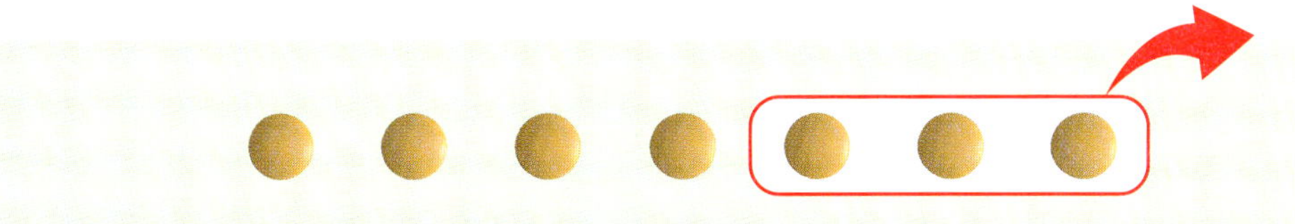

$$7 - 3 = 4 \quad \Rightarrow \quad \boxed{} + 3 = \boxed{}$$

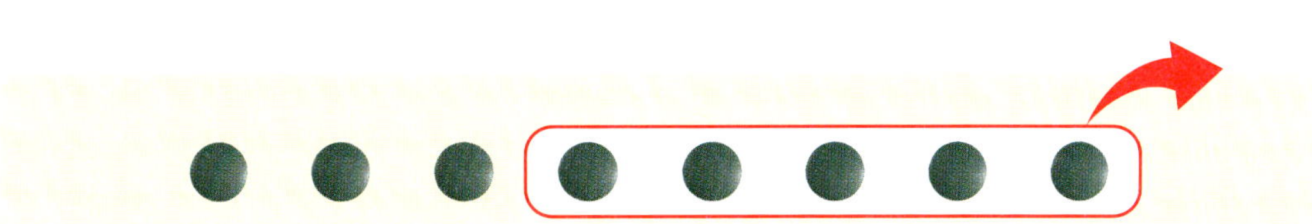

$$8 - 5 = 3 \quad \Rightarrow \quad \boxed{} + 5 = \boxed{}$$

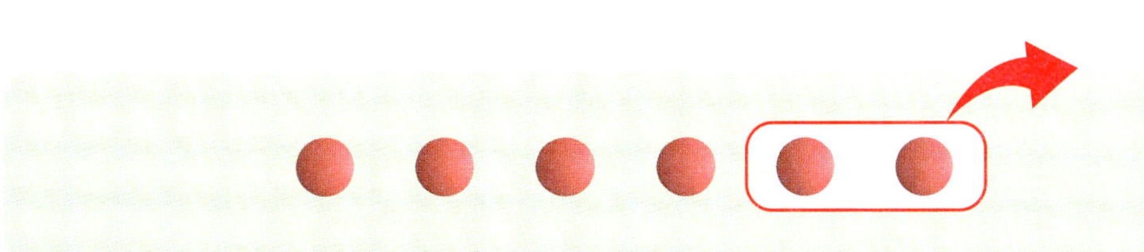

$$6 - 2 = 4 \quad \Rightarrow \quad \boxed{} + 2 = \boxed{}$$

✿ 세 수를 이용하여 덧셈식과 뺄셈식을 완성하세요.

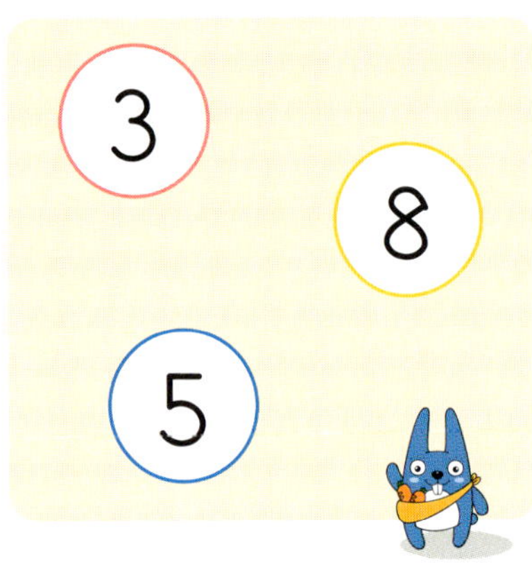

$$3 + \boxed{} = \boxed{}$$

$$\boxed{} - 5 = \boxed{}$$

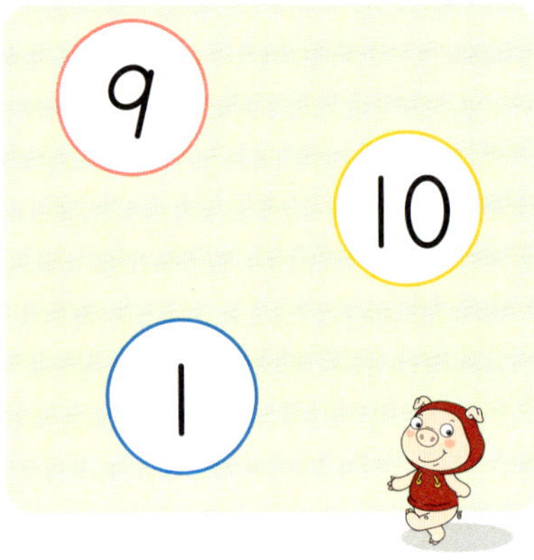

$$9 + \boxed{} = \boxed{}$$

$$\boxed{} - 1 = \boxed{}$$

$$2 + \boxed{} = \boxed{}$$

$$\boxed{} - 6 = \boxed{}$$

빈칸에 알맞은 수를 써넣어 계산식을 완성하세요.

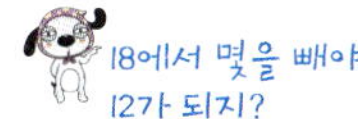

18	−		=	12
−		−		+
	+	1	=	
=		=		=
13	+		=	18

18 − ☐ = 12

18 − ☐ = 13

4주

✛ 다음 계산을 하세요.

(1) 12 + 6 =

(2) 23 + 5 =

(3) 6 − 1 =

(4) 11 − 5 =

(5) 13 − 6 =

(6) 7 + 1 =

(7) 13 + 4 =

(8) 10 − 3 =

(9) 19 − 5 =

(10) 16 − 4 =

(11) 6 + 2 =

(12) 24 + 6 =

(13) 14 − 6 =

(14) 4 − 4 =

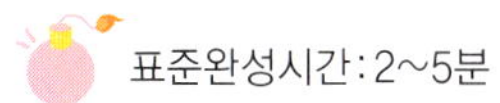

틀린 개수	0~2	3~6	7~12	13개 이상
평가	아주 잘함	잘함	보통	노력 바람

채점을 하고, 틀린 개수에 맞게 ○하세요

(15) $6 + 4 =$

(18) $8 - 6 =$

(17) $9 - 5 =$

(18) $7 + 3 =$

(19) $15 + 2 =$

(20) $14 - 5 =$

(21) $12 - 3 =$

(21) $15 + 4 =$

(23) $16 - 2 =$

(24) $10 - 5 =$

(25) $17 - 6 =$

(26) $19 + 4 =$

(27) $23 + 4 =$

(28) $12 - 2 =$

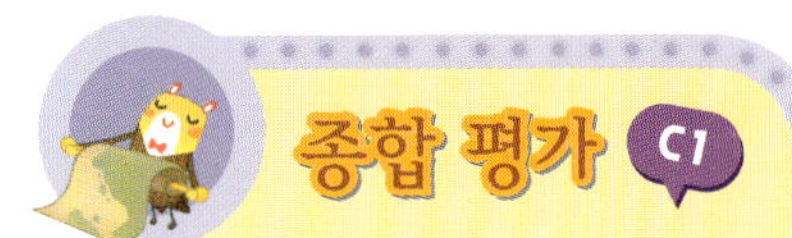

(29)
$$\begin{array}{r} 7 \\ -\ 6 \\ \hline \end{array}$$

(30)
$$\begin{array}{r} 8 \\ +\ 4 \\ \hline \end{array}$$

(31)
$$\begin{array}{r} 5 \\ -\ 5 \\ \hline \end{array}$$

(32)
$$\begin{array}{r} 1\ 3 \\ +\quad 5 \\ \hline \end{array}$$

(33)
$$\begin{array}{r} 1\ 1 \\ -\quad 4 \\ \hline \end{array}$$

(34)
$$\begin{array}{r} 2\ 3 \\ +\quad 6 \\ \hline \end{array}$$

(35)
$$\begin{array}{r} 1\ 4 \\ +\quad 3 \\ \hline \end{array}$$

(36)
$$\begin{array}{r} 1\ 6 \\ -\quad 6 \\ \hline \end{array}$$

(37)
$$\begin{array}{r} 1\ 9 \\ +\quad 3 \\ \hline \end{array}$$

(38)
$$\begin{array}{r} 1\ 2 \\ -\quad 6 \\ \hline \end{array}$$

(39)
$$\begin{array}{r} 2\ 6 \\ +\quad 4 \\ \hline \end{array}$$

(40)
$$\begin{array}{r} 1\ 5 \\ -\quad 5 \\ \hline \end{array}$$

정답 및 지도서

자르는 선을 따라 잘라 보관하여, 채점할 때 사용하세요.

자르는 선

정답 및 지도서 C1

1주 빼기 5 : (1~20) − 5

지도 방법

① 빼기 5를 학습하기 전에 빼기 1, 2, 3, 4의 학습이 충분히 되어 있는지 확인해 주세요.

② 처음 학습할 때에는 구슬이나 사탕, 블록 등을 활용하여 빼기 개념을 이해할 수 있게 해 주세요. 양손에 나누어 쥔 구슬의 개수 알아맞히기, 블록 쌓아 보고 빼 보기 등을 통해서 아이는 수학의 개념을 습득하게 될 것입니다.

③ 구체물이나 직접 숫자를 이용하여 수 가르기와 수 모으기 연습을 충분히 할 수 있도록 해 주세요. 수 모으기와 수 가르기는 더하기와 빼기를 이해하는 기초 학습이 됩니다.

④ 구체물이나 블록으로 빼기를 익히다가 익숙해지면 식만 보고 계산할 수 있도록 지도해 주세요.

1차시

- 인형 9개를 두 군데로 갈라 볼까? 한 쪽에 5개를 놓으면 다른 쪽에는 몇 개를 놓을 수 있을까?

- 엄마가 동그라미 18개를 그려 놓았어. 이 중에서 동그라미 5개를 갈라서 그려 보자. 남은 동그라미는 몇 개일까?

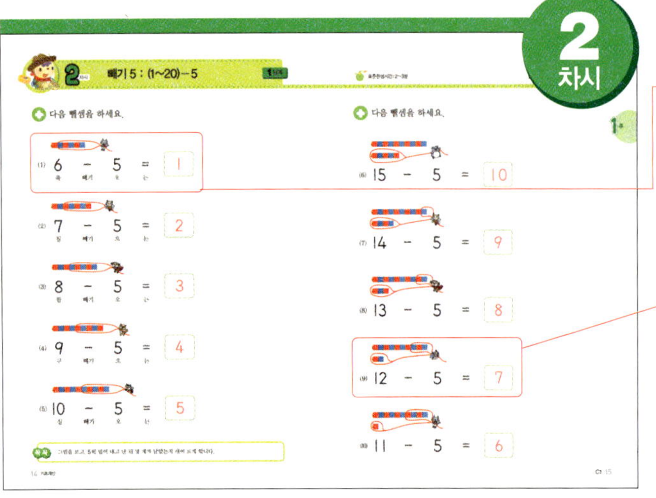

2차시

- 블록 6개 중에서 5개를 끌어갔어. 남은 블록은 몇 개인지 뺄셈식으로 나타내볼까? '6−5=1'이라고 쓰고 '6 빼기 5는 1.'이라고 읽는단다.

- 블록 12개 중에서 낱개에서 2개를 빼볼까? 10개 묶음에서는 3개를 빼 보자. 몇 개가 남았니?

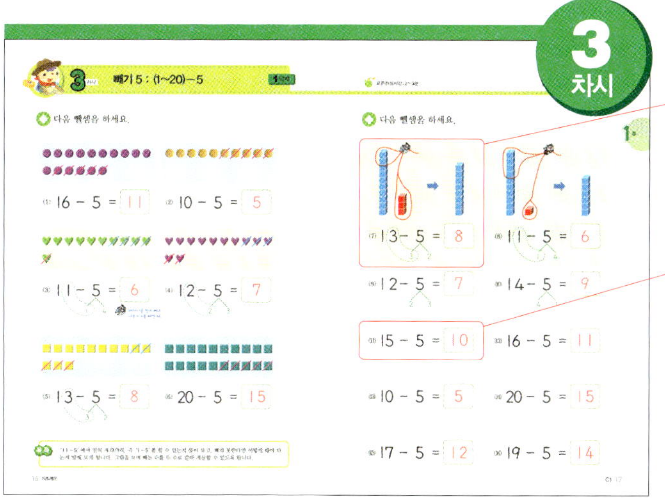

- 블록 13개 중에서 5개를 빼자. 빨간 블록에서는 몇 개를 빼고, 파란 블록에서는 몇 개를 뺄까?

- 15−5는 15보다 5 작은 수니까 몇일까?

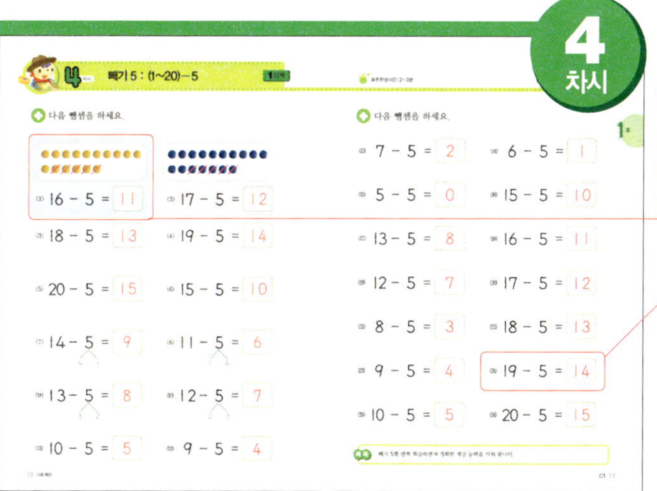

- 모양이 모두 16개 있어. 이 중에서 모양 5개를 지워 보는 거야. 이제 남은 모양의 개수를 세어 보자.

- 19−5는 19보다 5 작은 수니까 수를 거꾸로 세어 보자. '18, 17, 16, 15, 14'. 19−5는 몇일까?

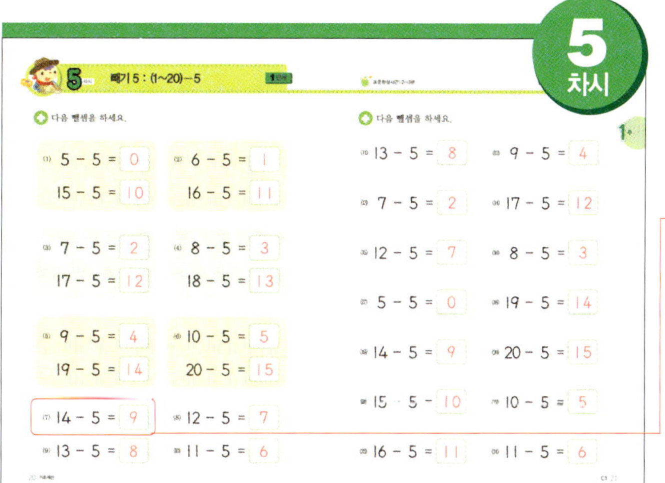

- 빼기의 방법들 중에 쉬웠던 방법을 사용해서 빼기 5의 문제들을 풀어 보자.

- 14−5를 해 보자.

$$14-5=9 \qquad ❶\ 14-4=10$$
$$2 \quad 3 \qquad ❷\ 10-1=9$$

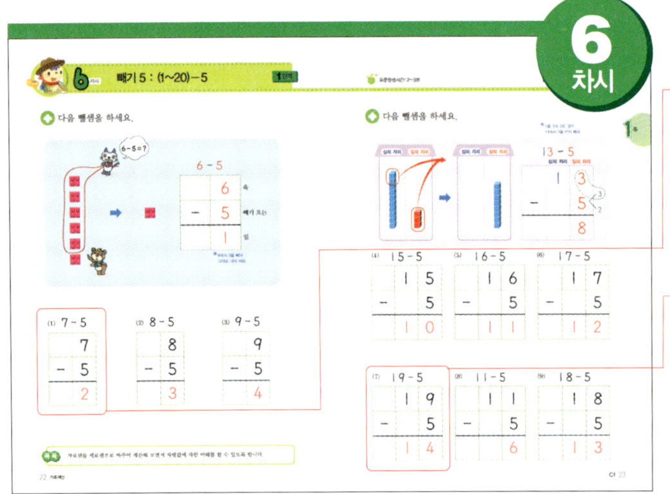

6차시 — 빼기 5 : (1~20)−5

22~23쪽

- 블록이 7개 있는데 5개를 끌어 가면 남은 블록은 모두 몇 개일까? 뺄셈식으로 나타내면 '7 빼기 5는 2.'라고 할 수 있겠지?
- 일의 자리의 숫자 9에서 5를 빼어 일의 자리에 내려 쓰자. 십의 자리 숫자 1은 어디에 써야 할까?

7차시 — 빼기 5 : (1~20)−5

24~25쪽

- 일의 자리 숫자 2에서 5를 뺄 수 없으니 어떻게 해야 하지? 5를 몇과 몇으로 갈라야 할까?

$$12-5=7 \qquad ❶ \ 12-2=10$$
$$\quad 2 \quad 3 \qquad\qquad ❷ \ 10-3=7$$

- 두 자리 수의 뺄셈을 할 때에는 자릿수를 잘 맞추어서 답을 써야 해.

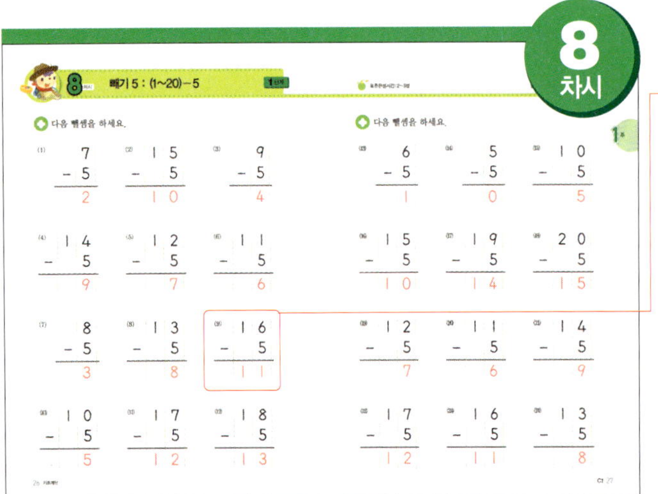

8차시 — 빼기 5 : (1~20)−5

26~27쪽

- 일의 자리 숫자인 6에서 5를 빼어 어디에 써야 하지? 십의 자리 숫자인 1은 빼는 수가 없으니까 그대로 내려 쓰면 된단다.
- 어려운 문제는 엄마와 함께 동그라미를 그려서 풀어 보자.

- 세로의 수에서 지붕에 있는 5를 빼어 보자. 세로의 수가 몇 씩 커지고 있니? 1씩 커지는 수에서 똑같이 5씩 빼니까 빼어 나오는 수가 몇씩 커졌을까?
- 세로의 수가 1씩 작아지면 똑같이 5씩 뺄 때 답은 몇씩 작아질까?

세로의 수가 1씩 작아지지도 않고, 1씩 커지지도 않으니까 모두 풀어 보아야 하겠지? 잘 모르겠으면 빈칸에 식을 따로 써서 풀어 보아도 된단다.

- 접시 위에 맛있는 사과가 11개 있었단다. 잠시 후에 돼지가 와서 5개를 먹어 버렸어. 남은 사과는 몇 개일까?
- 뺄셈식으로는 어떻게 나타낼 수 있을까? 그림을 잘 살펴보고 네가 생각하는 답을 찾아서 예쁜 색의 색연필로 칠해 보자.

- 개구리가 모두 몇 마리 있는지 세어 볼까? 5마리가 도망가버렸으니 몇 마리 남았니?
- 빼는 수가 몇이니? 뺄셈을 풀어보지 않고도 큰 뺄셈을 찾는 방법이 있어. 빼는 수가 같으면 빼어지는 수가 가장 큰 수가 답도 크겠지?

체크 포인트

❶ 학습이 끝난 후에 빼기 5에 대해서 아이가 잘 이해하고 있는지 확인해 주세요. 부족한 부분은 다시 반복 학습을 통하여 익힐 수 있도록 지도해 부세요.

❷ 답이 틀렸을 때는 왜 틀렸는지 함께 이야기를 나누어 보면서 다시 한번 문제를 풀어 볼 수 있도록 지도해 주세요.

❸ 아이가 암산에 익숙하지 않은 상태라면 너무 반복을 시키거나 강요하지 마세요. 아이가 이로 인해 학습에 흥미를 잃어버릴 수도 있습니다.

정답 및 지도서 C1

지도 방법

❶ 처음에는 아이에게 친근한 구체물을 이용하여 실제 활동을 해 봄으로써 빼기 6에 대한 개념 이해를 충분히 할 수 있도록 해 주세요.

❷ 십의 자리에서 빼기 6을 할 때에는 수 가르기의 개념을 이용할 수 있도록 지도해 주세요. 직접 그림을 그려서 가르기를 연습하게 할 수도 있습니다.

❸ 아이 수준에 알맞은 학습 방법을 사용하여 빼기 학습을 할 수 있도록 해 주세요. 아직 개념 이해가 부족하다면 구체물을 이용하여 학습할 수 있도록 해 주시고, 개념 이해가 충분히 되었다면 수 가르기 등의 방법을 사용할 수 있도록 지도해 주세요.

13차시

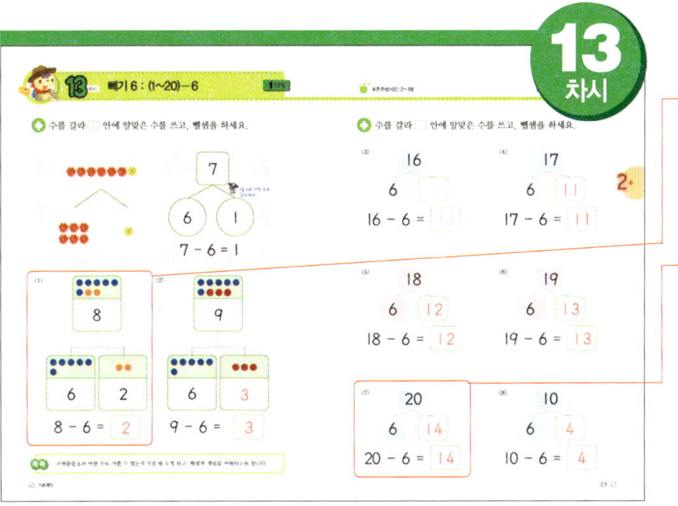

40~41쪽

- 8을 6과 몇으로 갈랐니? 8에서 6을 빼어 볼까? 8에서부터 거꾸로 세어서 답을 알아보자. '8, 7, 6, 5, 4, 3, 2.'

- 20을 두 수로 가르기 해 보자. 엄마가 사탕을 20개 준비했단다. 한쪽에 6개를 놓으면 다른 쪽에 몇 개를 놓을 수 있을까?

14차시

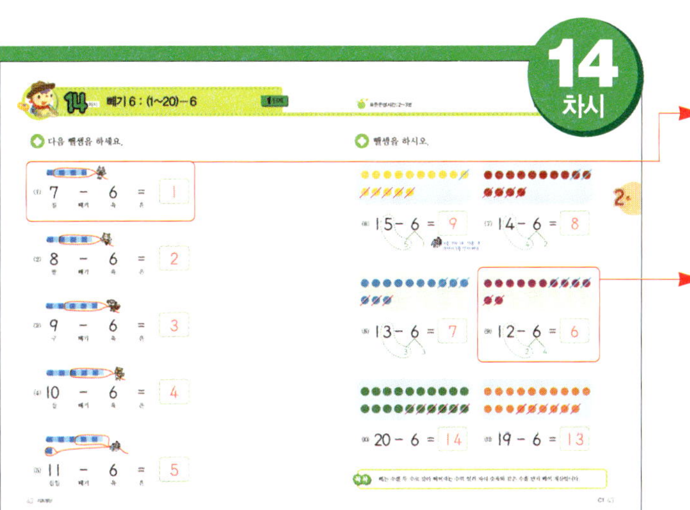

42~43쪽

- 알록달록 블록들이 7개가 끼워져 있어. 6개를 빼면 몇 개가 남을까? 이제 빈칸에 답을 쓸 수 있겠니?

- 동그라미 12개에서 2개를 먼저 지워보자. 몇 개가 남지? 또 나머지 4개를 지우면 몇 개가 남을까?

15 차시

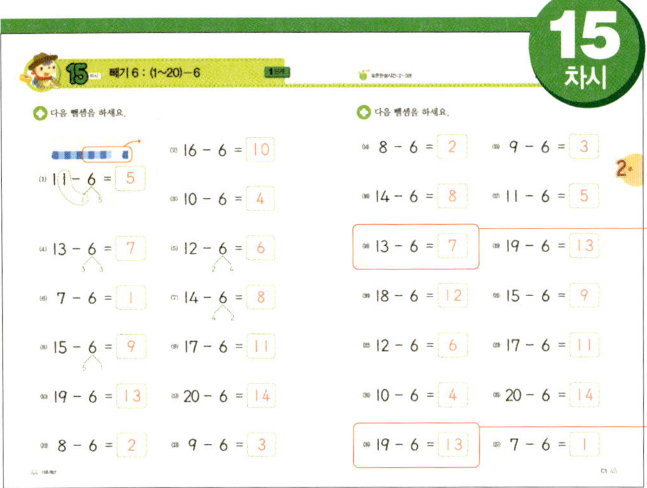

44~45쪽

- 3에서 6을 뺄 수 있니? 뺄 수 없으면 6을 두 수로 갈라서 빼어 보자.

$$13-6=7 \qquad ❶ \ 13-3=10$$
$$3\ \ 3 \qquad ❷ \ 10-3=7$$

- 19에서 6을 빼어 볼까? 일의 자리 숫자 9에서 6을 빼면 몇일까? 십의 자리 숫자는 몇이지?

16 차시

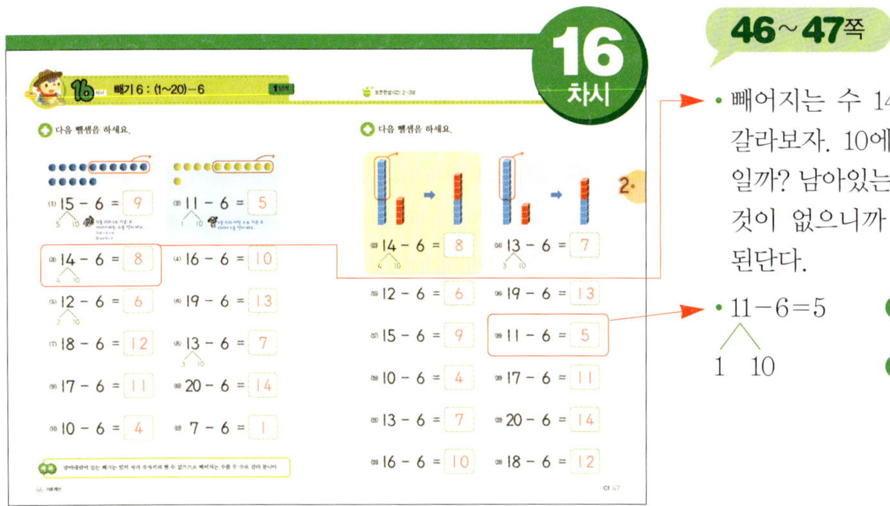

46~47쪽

- 빼어지는 수 14를 4와 10으로 갈라보자. 10에서 6을 빼면 몇일까? 남아있는 4는 더 이상 뺄 것이 없으니까 4와 더해 주면 된단다.

$$11-6=5 \qquad ❶ \ 10-6=4$$
$$1\ \ 10 \qquad ❷ \ 4+1=5$$

17 차시

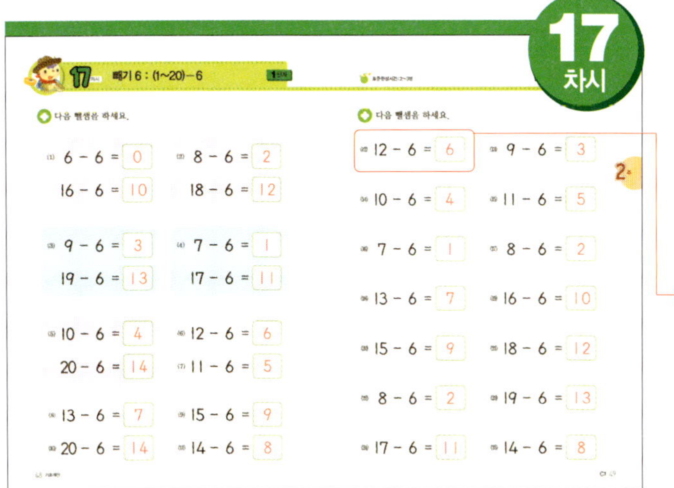

48~49쪽

- 뺄셈식만 보고도 쉽게 답을 찾을 수 있는 문제부터 풀어 볼래? 남아 있는 문제들은 엄마랑 함께 수 가르기를 이용해서 풀어 보자.

- 12−6은 12를 어떻게 가르면 될까?

$$12-6=6 \qquad ❶ \ 10-6=4$$
$$1\ \ 10 \qquad ❷ \ 4+2=6$$

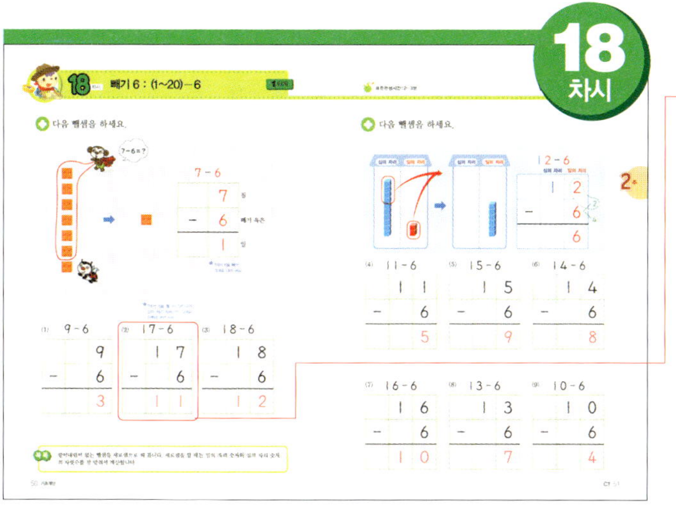

- 17-6을 세로셈으로 풀어 보자. 일의 자리 숫자 7에서 6을 빼어 일의 자리에 맞춰서 내려 써 보자. 십의 자리는 빼는 수가 없으니까 그대로 내려 쓰면 되겠지?
- 일의 자리 숫자끼리 바로 뺄 수 없는 문제들은 수 가르기를 이용하여 풀어 보자.

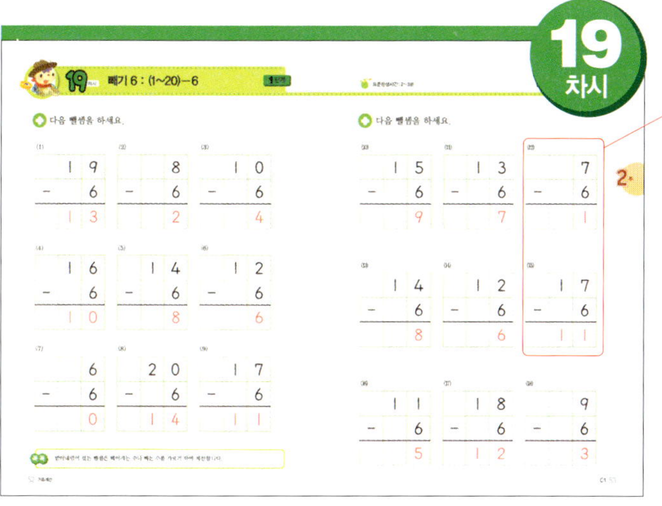

7-6은 몇이지? 17-6에서 일의 자리 숫자끼리 먼저 빼면 몇일까? 십의 자리 숫자는 그대로 내려 쓰자.

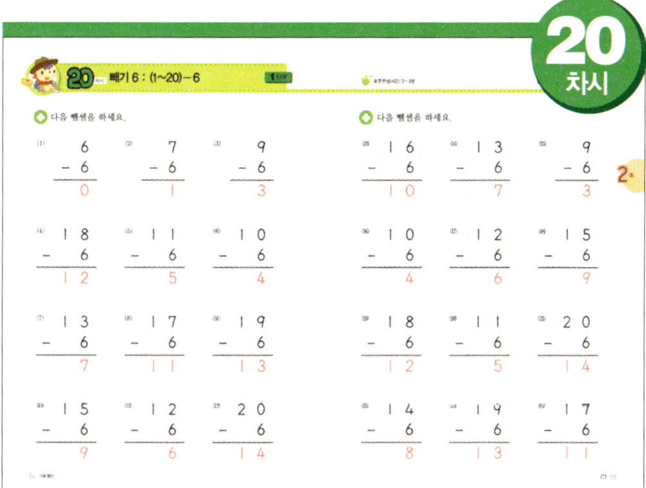

- 빼기 6의 문제들이야. 세로셈을 할 때 일의 자리 숫자끼리 뺄 수 있는 것은 빼어 내려 쓰면 된단다.
- 바로 뺄 수 없는 문제들은 수 가르기를 이용해 보자. 수 가르기가 어려우면 동그라미를 수만큼 그린 다음, 지우면서 알아보아도 돼.

21차시

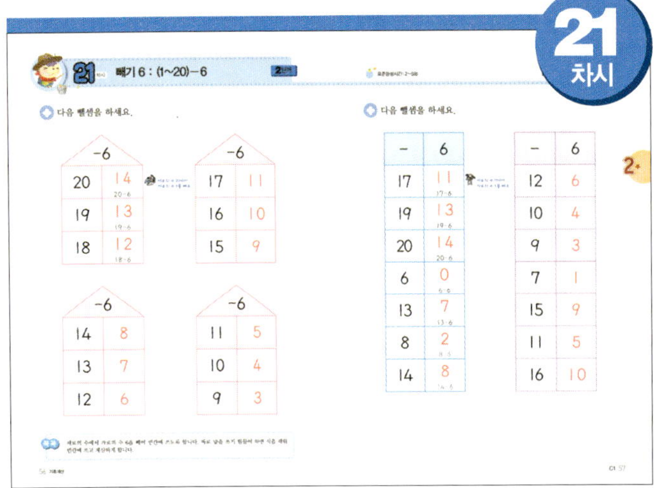

56~57쪽

- 지금까지 배운 빼기의 방법들을 생각해서 풀어 보자. 수를 거꾸로 세어 볼까? 아니면 수 가르기를 해 볼까?
- 세로에 있는 숫자들이 더 많아졌구나. 엘리베이터를 타고 내려오는 것처럼 아래층까지 답을 써 내려가 보자.

22차시

58~59쪽

- 이번에는 가로의 숫자들이 많아졌지? 전에 했던 것과는 반대로 가로의 수에서 세로에 있는 6을 빼어 답을 쓰면 된단다.
- 답이 금방 생각나는 문제는 그대로 답을 써 보고, 잘 생각나지 않는 문제는 빈칸 아래에 식을 써 놓고 수 가르기를 해서 답을 찾아보자.

23차시

60~61쪽

- 새가 모두 몇 마리인지 세어 볼까? 날아간 새도 몇 마리인지 세어 보자. 그럼 남은 새는 모두 몇 마리니? 이것을 뺄셈식으로 나타낸 것을 찾아보자.

• 사자가 모두 몇 마리 있니? 7마리만 남기고 /로 지워 볼까? 몇 개를 지웠는지 세어 보자.

• 가장 큰 뺄셈식을 찾을 때는 어떻게 한다고 했었지? 빼는 수가 똑같이 6이니까 빼어지는 수가 큰 식을 찾으면 되겠지?

체크 포인트

① 학습이 끝나면 아이와 함께 그날에 배운 것이 무엇인지 이야기를 해 보세요. 또 어려운 점은 무엇인지, 또 새롭게 알게 된 점은 무엇인지 물어 봐 주세요. 아이는 다시 한번 학습을 되새겨 보는 시간을 갖게 될 것입니다.

② 부족한 부분은 다시 한번 복습하는 시간을 가져 보세요. 연습장에 틀린 문제들을 옮겨 적어서 다시 한번 풀어 볼 수 있도록 해 주세요.

③ 받아내림이 있는 문제를 수월하게 풀기 위해서는 수 가르기와 수 모으기 연습이 필요합니다. 수 가르기와 수 모으기 연습을 충분히 해 주세요.

정답 및 지도서 C1

③주 빼기 4, 5, 6의 종합

지도 방법

① 지금까지 배운 빼기 6까지의 개념을 복습하는 내용입니다. 빼기 6까지의 개념을 확실히 이해하고 있는지, 또 어떤 방법을 사용하여 빼기를 하고 있는지, 잘못 알고 있거나 잘못 푸는 부분이 있는지 확인하여 바르게 풀 수 있도록 지도해 주세요.

② 문제를 풀 때에 빼는 수를 확인하지 않고 풀면 실수하는 횟수가 늘게 되므로 빼는 수가 어떤 수인지 잘 살피도록 지도해 주세요.

③ 아이에게 적당한 시간을 주고 암산으로 풀 수 있도록 해 주세요. 정해진 시간 안에 얼마나 많은 문제들을 풀 수 있었는지 확인해 보고 채점을 하면서 칭찬해 주세요.

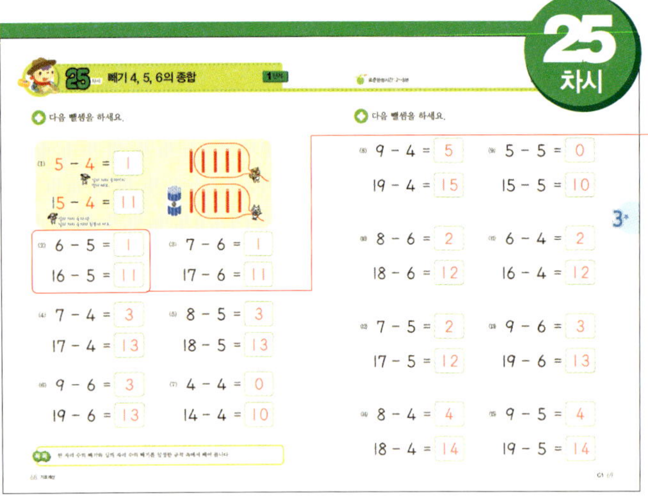

68~69쪽

- 6−5와 16−5를 비교해 보자. 빼는 수는 똑같은데 빼어지는 수는 어떻게 다르니? 그럼 빼어 나오는 수는 어떻게 될지 직접 풀어 볼까?
- 문제마다 빼는 수가 바뀌니까 잘 보고 실수하지 않도록 풀어 보자.

70~71쪽

- 똑같은 수에서 4, 5, 6을 빼고 있어. 똑같은 수에서 1씩 커지는 수를 빼면 답은 어떻게 될까?
- 빼는 수를 두 수로 가를 때는 한 수를 빼어지는 수의 일의 자리 숫자와 같게 만들면 된단다.

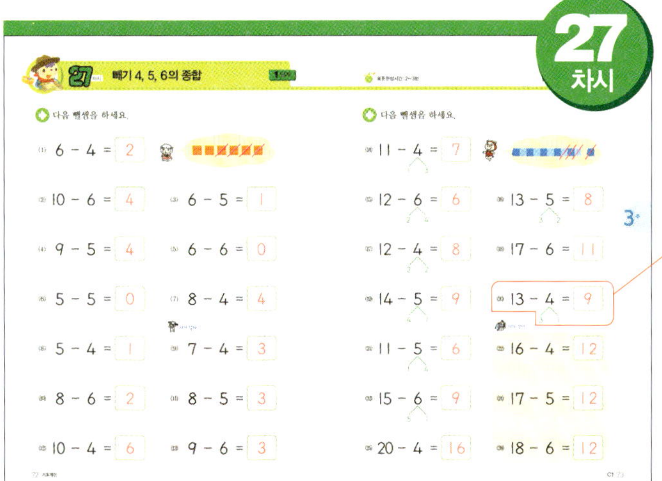

- 엄마가 시간을 재어 볼테니 얼마나 빨리 많은 문제를 맞힐 수 있나 볼까?

- 일의 자리 숫자끼리 뺄 수 없을 때는 수 가르기를 해야 해.

$$13-4=9 \qquad ❶ \; 13-3=10$$
$$\qquad 3 \quad 1 \qquad ❷ \; 10-1=9$$

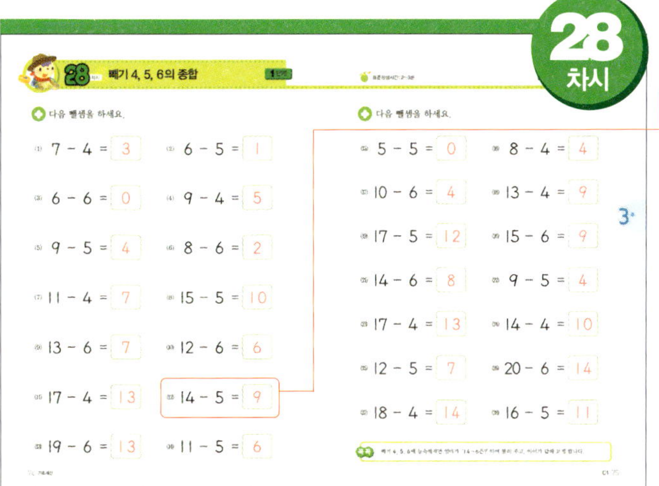

- 4에서 5를 뺄 수 있을까? 그럼 수 가르기를 해야겠구나. 몇과 몇으로 갈라야 할까?

$$14-5=9 \qquad ❶ \; 14-4=10$$
$$\qquad 4 \quad 1 \qquad ❷ \; 10-1=9$$

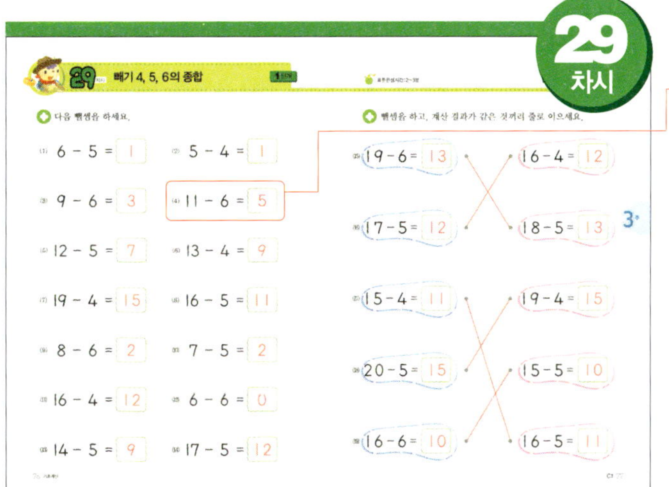

- 일의 자리 숫자 1에서 6을 뺄 수 있니? 뺄 수 없을 때는 수 가르기를 한다고 했지? 6을 몇과 몇으로 갈라야 할까? 11에서 어떤 수를 먼저 빼야 하지?

- 뺄셈을 모두 풀어 본 다음에 같은 답을 찾아서 줄로 이어 보자.

정답 및 지도서 C1

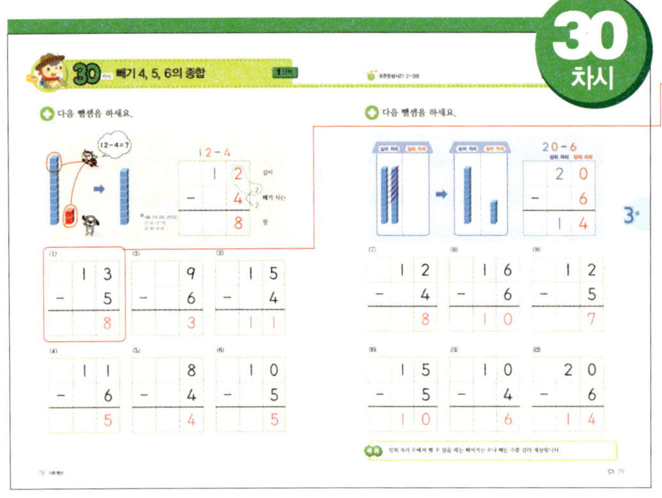

30차시

78~79쪽

일의 자리 숫자끼리 빼지 못하면 어떻게 해야 하지? 5를 두 수로 가르면 되겠구나. 몇과 몇으로 가를까?

$$13-5=8 \qquad ❶ \ 13-3=10$$
$$3 \quad 2 \qquad ❷ \ 10-2=8$$

31차시

80~81쪽

• 세로셈을 할 때에 주의할 점이 있었지? 자릿수를 잘 맞추어서 써야 해. 실수로 다른 칸에 답을 쓰면 숫자가 맞았어도 틀린 답이 된단다.

• 수 가르기를 하지 않아도 금방 답을 알 수 있는 문제부터 먼저 풀면 빠른 시간 안에 훨씬 더 많은 문제를 풀 수 있단다.

32차시

82~83쪽

• 일의 자리 숫자끼리 먼저 빼기를 할 수 있니? 일의 자리 숫자끼리 빼면 몇이니? 그대로 아래 칸에 내려 써 보자. 십의 자리 숫자는 어디에 써야 하지?

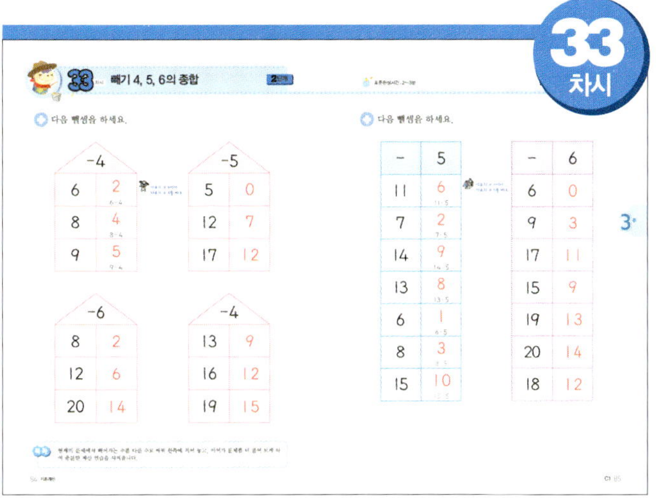

- 엄마가 물어 보면 답을 생각해 서 빈칸에 써 보는 거야. 시작 해 볼까? 6−4는? 6−5는? ·······.
- 이번에는 얼마나 빨리 답을 쓰 는지 시간을 재어 볼게. 빨리 푸는 것도 중요하지만 답이 틀 리지 않아야 한단다.

- 앞에서 했던 것과는 반대로 가 로의 수에서 세로의 수를 빼어 답을 찾으면 된단다.
- 다른 칸에 답을 쓰지 않도록 주 의해야 해. 빈칸이 많아서 혹시 한 칸 건너뛰어서 답을 쓰게 되 면 다른 답들도 다 밀려서 쓰기 때문에 틀린 답이 된단다.

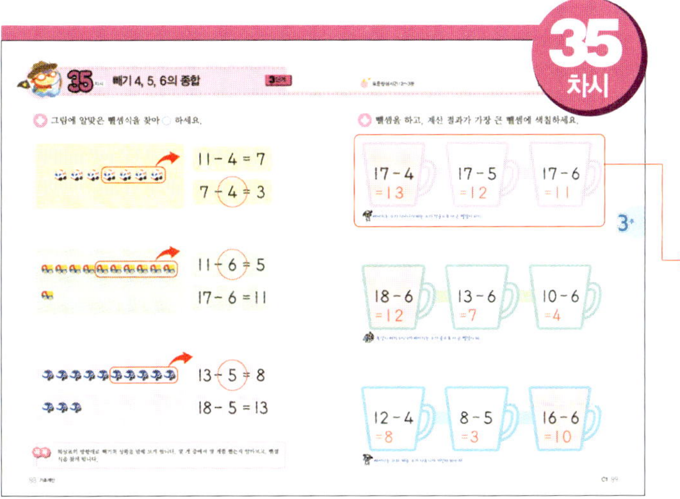

- 그림에 있는 개수를 잘 세어 보 자. 빼어지는 수는 몇 개이고, 빼는 수는 몇 개인지 잘 살펴보 아야 해.
- 빼어지는 수가 몇이니? 빼어지 는 수가 같을 때 답이 크려면 빼는 수가 커야 할까? 작아야 할까?

36차시

90~91쪽

- 모양이 9개가 있는데 이 중에서 5개를 남기려면 몇 개를 지워야 할까? 5개를 세어서 남겨 놓고 나머지를 지워 보자.
- 14에서 어떤 수를 빼야 8이 남을까? 거꾸로 세기를 해 볼까? 아니면 동그라미를 14개 그려 놓고, 8개만 남기고 지우면 몇 개를 지울 수 있을까?

체크 포인트

① 학습이 끝난 후에 아이와 함께 간단한 테스트를 해 보세요. 아이가 어려워하거나 잘 이해하지 못하는 부분은 다시 한번 짚어 주도록 합니다.

② 아이가 빼기에 어느 정도 능숙해지면 퀴즈를 하듯이 재미있게 구두 테스트를 하여 아이의 암산 실력을 키울 수 있도록 도와 주세요.

③ 아이가 같은 양의 문제를 풀 때마다 시간을 기록하고 계산하는데 걸리는 시간이 점점 단축되고 있다는 것에 대해서 칭찬을 해 주세요. 아이는 점점 수학에 흥미를 느낄 뿐만 아니라 큰 성취감도 느끼게 될 것입니다.

정답 및 지도서 C1

4주 — 더하기 · 빼기의 종합 ①

지도 방법

① 덧셈과 뺄셈의 기초인 수 가르기와 수 모으기를 능숙하게 할 수 있도록 연습시켜 주세요.

② 수 가르기와 수 모으기를 통해 계산을 잘 할 수 있게 되면 암산을 통해 수학적 힘을 더 키울 수 있도록 도와 주세요.

③ 덧셈과 뺄셈의 상황을 혼동하지 않도록 익숙한 물건으로 다시 한번 개념을 설명해 주세요.

④ 덧셈과 뺄셈의 여러 가지 방법에 대하여 아이 스스로 이야기해 보게 합니다. 또 어떤 방법을 가장 쉬워하고 가장 어려워하는지, 어떤 계산 방법을 사용하여 답을 구하는지 이야기를 나눠 봄으로써 이전에 학습했던 것을 기억해 보게 합니다.

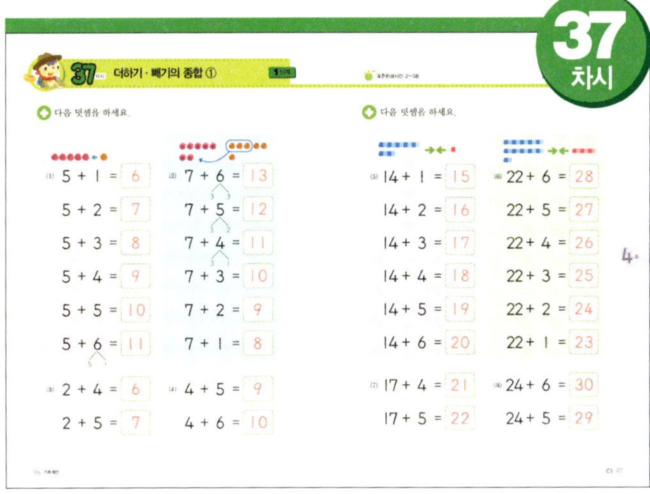

37차시

96~97쪽

- 더하기는 더한 수만큼 더 커지는 것이라고 했었지? 더해지는 수가 같을 때 더하는 수가 1씩 커지면 답은 어떻게 될까?

- 더해지는 수가 같을 때 더하는 수가 1씩 작아지면 답은 어떻게 될까?

38차시

98~99쪽

- 4+2는 몇일까? 2+4는 몇이지? 두 수를 바꾸어 더했는데 답은 같구나.

- 덧셈에서는 두 수를 바꾸어 더해도 그 답은 항상 같단다.

정답 및 지도서 C1

39 차시

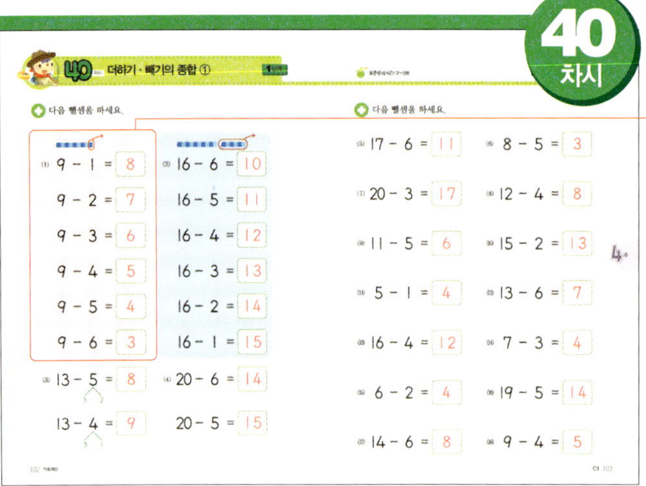

100~101쪽

- 두 수를 바꾸어서 더하고 있구나. 왼쪽에 있는 문제를 계산하면 오른쪽 문제는 금방 풀 수 있을 거야.
- 6을 갈라서 계산해 볼까? 6을 몇과 몇으로 가를까?

$$8+6=14 \qquad \text{❶ } 8+2=10$$
$$\qquad\qquad\qquad \text{❷ } 10+4=14$$

40 차시

102~103쪽

- 9에서 1씩 커지는 수를 빼고 있어. 그럼 답은 어떻게 될까? 규칙을 생각하면서 답을 써 보자.
- 지금까지 배웠던 방법들을 생각해 보면서 차근차근 풀어보자. 쉬운 문제를 먼저 풀어 나가면 더 빠른 시간 안에 마칠 수 있단다.

41 차시

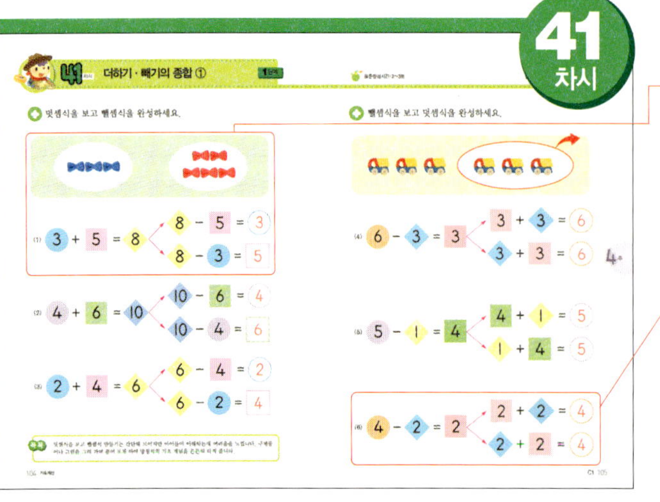

104~105쪽

- 3과 5를 모으면 8이 되고, 또 8은 3과 5로 가를 수 있어. 이것을 이용해서 덧셈식과 뺄셈식을 만들 수 있단다.
- 4에서 2를 빼면 몇이지? 뺄셈의 답과 빼는 수 2를 더하면 몇일까? 더하는 두 수를 바꾸어 더하면 몇일까?

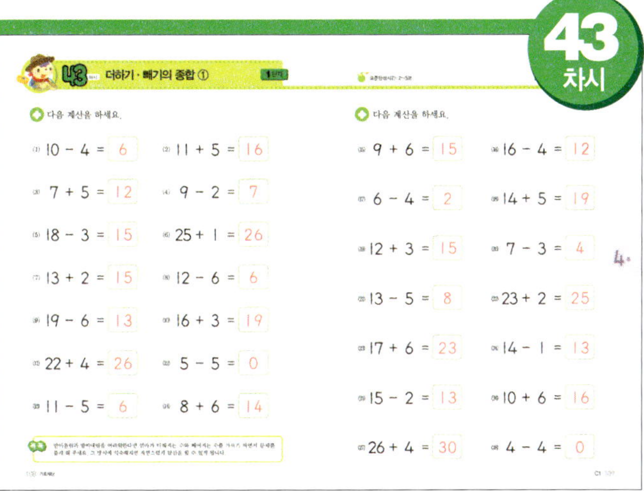

- 뺄셈식을 보고, 덧셈식을 만든 문제야. 12−5를 계산하면 몇이니?
- 12−5의 답과 빼는 수 5를 더해보자. 답이 몇이니? 뺄셈식에서 7+5의 답과 같은 숫자가 있는지 찾아보자.

- 덧셈과 뺄셈을 하는 방법에는 여러 가지가 있어. 그중에서 가장 쉽게 할 수 있는 방법으로 풀어 보자.
- 9+6처럼 더하는 수가 크거나 12−6처럼 일의 자리 숫자끼리 뺄 수 없는 것은 수 가르기해서 풀어 보자.

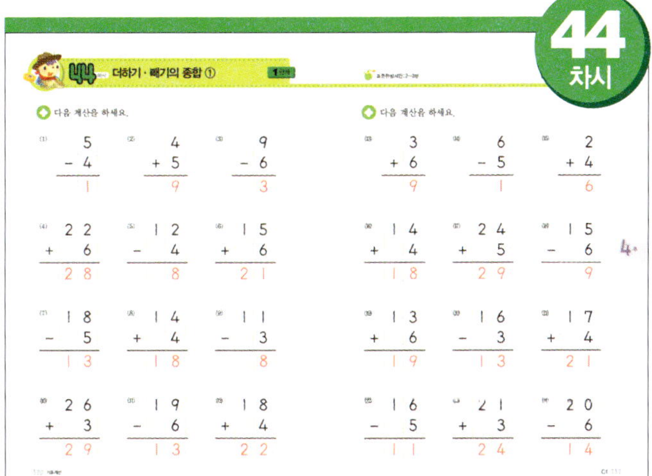

- 세로셈에서는 문제를 풀기 전에 먼저 덧셈식인지 뺄셈식인지 꼭 확인해 보아야 한단다.
- 세로셈을 할 때에 주의할 점은 자릿수를 잘 맞추어야 해. 실수로 다른 칸에 답을 쓰면 숫자는 맞았어도 틀린 것으로 된단다.

112~113쪽

- 더하기 문제와 빼기 문제가 섞여 있구나. 얼마나 빨리 풀 수 있는지 지금부터 시간을 재어 볼게.
- 숫자만 보고 답을 생각해 보도록 하자. 이렇게 풀다 보면 점점 빨리 풀 수 있게 된단다.

114~115쪽

- 잘 생각나지 않는 문제는 빈칸 아래나 옆에 식을 써놓고 수 가르기를 해서 답을 찾아보자.
- 같은 수에서 빼기를 다 한 다음에 다른 수로 빼기를 하는 것이 더 빨리 풀 수 있단다.
- 13−4, 13−5를 한 후에 17−4, 17−5를 하고 15−4, 15−5를 해 보자.

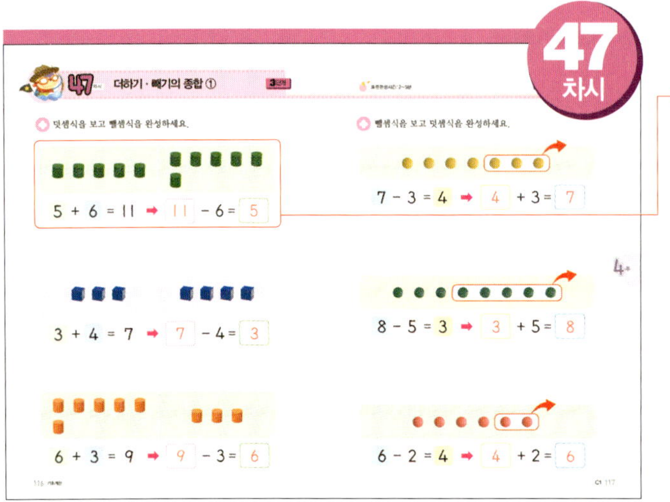

116~117쪽

- 5+6=11을 보고 뺄셈식을 만들어 보자. 블록이 모두 11개니까 11에서 더하는 수만큼 빼면 몇일까?
- 11−6의 답은 덧셈식에서 더해지는 수가 되는구나. 11−6의 답을 5+6=11에서 찾아보자.

- 덧셈식을 만들 때 더해서 나오는 수는 가장 큰 수를 써야 해. 3, 8, 5 중에 더하는 수와 답은 어떤 수를 써야 할까?
- 뺄셈식을 만들 때 전체 수는 가장 큰 수를 써야 해. 3, 8, 5 중에 전체 수와 답은 어떤 수를 써야 할까?

체크 포인트

1. 학습이 끝난 후에 간단한 필산이나 구두 테스트로 부족한 부분을 확인하여 반복 학습을 할 수 있도록 해 주세요.

2. 아이가 문제를 다 풀면 즉시 채점을 해 주세요. 아이가 자신감을 갖고 학습할 수 있도록 칭찬해 주시고, 틀린 부분은 다시 풀게 하면서 격려해 주세요.

3. 받아올림이 있는 덧셈이나 받아내림이 있는 뺄셈은 아직 아이에게 어려울 수 있으므로 수 가르기와 수 모으기를 활용하여 아이의 수준에 맞게 풀어 볼 수 있도록 지도해 주세요.

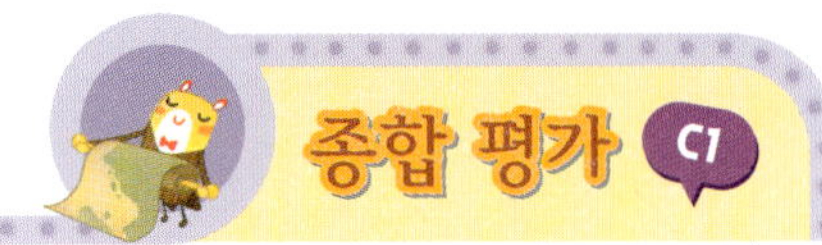

- 더하기와 빼기를 하는 여러 가지 방법 중에서 네가 가장 쉽게 할 수 있는 방법으로 해 볼래?

▶ • 12−3은 일의 자리 숫자끼리 뺄 수 없으니까 3을 두 수로 갈라서 빼어 보자.

$$12-3=9 \qquad ❶\ 12-2=10$$
$$\underset{2\quad 1}{} \qquad\qquad ❷\ 10-1=9$$

- 처음에는 힘들고 지루해도 꾸준히 연습하다 보면 어느 순간 숫자만 보고도 척척 답을 쓸 수 있게 된단다.

- 세로셈을 할 때 주의해야 할 점은 자릿수를 잘 맞추어서 답을 써야 하는 거야. 더하기인지 빼기인지 부호를 잘 살펴보아야 실수 없이 문제를 풀 수 있단다.

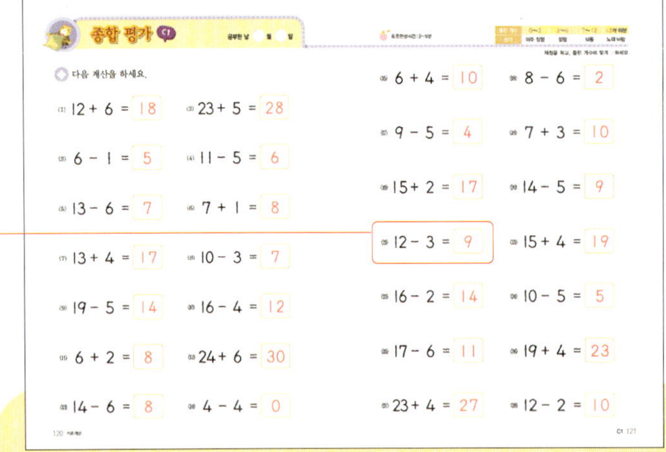

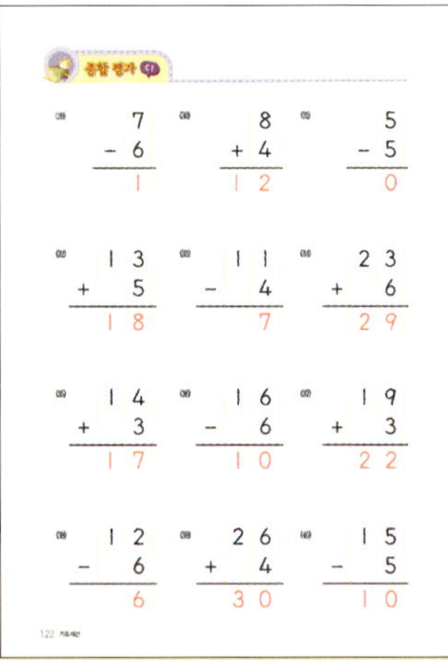